内容提要

Ю. К.巴班斯基是苏联著名的教育家。他根据自己多年的教育工作经验和教育研究成果，从理论上全面地、科学地、系统地、辩证地、具体地论述了教学最优化原则。本书阐明了实现此原则的方法论基础，并提出一系列具体建议，以完成教学过程中对学生的教育、教养和发展的任务。本书有较高的学术价值和实践意义，可供中小学校教师、师范院校师生、教育行政人员以及教育科学研究工作者参考。

20
世纪苏联教育经典
译丛

[苏]Ю. К. 巴班斯基 著

吴文侃 译

教学教育过程最优化

教育科学出版社
·北 京·

策　　划　葛　都
责任编辑　何　艺
责任校对　刘永玲
责任印制　叶小峰

图书在版编目(CIP)数据

教学教育过程最优化/(苏)巴班斯基著;吴文侃译.
2版.—北京:教育科学出版社,2001.1(2018.12重印)
(20世纪苏联教育经典译丛)
书名原文:ОПТИМИЗАЦИЯ УЧЕЬНО－ВОСПИ－ТАТЕЛЬНОГО ПРОЦЕССА
ISBN 978－7－5041－2087－8

Ⅰ.教…　Ⅱ.①巴…　②吴…　Ⅲ.教学过程－最优化－研究　Ⅳ.G 421

中国版本图书馆CIP数据核字(2000)第52942号
北京市版权局著作权合同登记　图字:01－2000－3196号

出版发行	教育科学出版社		
社　　址	北京·朝阳区安慧北里安园甲9号	市场部电话	010－64989009
邮　　编	100101	编辑部电话	010－64989421
传　　真	010－64891796	网　　址	http://www.esph.com.cn
经　　销	各地新华书店		
印　　刷	保定市中画美凯印刷有限公司		
开　　本	850毫米×1168毫米　1/32		
印　　张	8		
字　　数	162千	版　　次	2001年1月第2版
定　　价	25.00元	印　　次	2018年12月第17次印刷

如有印装质量问题,请到所购图书销售部门联系调换。

总　序

本世纪最伟大的事件之一就是俄国十月革命的胜利和苏联的建立。有的人可能说，苏联已经解体了，社会主义已经失败了。但是，苏联毕竟存在了70多年。正是由于苏联的存在，才击退了德国法西斯奴役世界的战争，才孕育了东方社会主义国家的诞生。苏联解体了，这是历史的悲剧，但社会主义并没有失败，社会主义中国正在吸取苏联的经验教训，振兴前进。巴黎公社只存在70多天，它的伟大意义是不可估量的；苏联存在了70多年，它的影响和意义更是无法估量的。

苏联的教育曾经也是世界上最优越的教育之一。有人认为，苏联的解体，说明苏联教育的失败。这些人太看重教育了。教育任何时候都是受当时社会的政治、经济所制约的。教育对政治、经济具有反作用，但教育的目的、内容、规模等都决定于政治、经济，却不是反之。一种是决定作用，一种是反作用。两种作用是截然不同的。尤其是执政党的政治路线决定着社会发展的命运。固然，执政党的领袖人物也是受过教育的，但他的思想意识，他的政治行为却受到社会各方面的影响，并非受了某种教育以后就不变化的。仍然是唯物辩证法原理，存在决定意识，苏联的变迁不能用一种原因来解释，更不能是教育的责任。

应该说，苏联70多年的教育为社会主义教育提供了丰富的经验。它在列宁教育思想的指导下，建立了民主平等的教育制度，在很短的时间内普及了教育，提高了全体国民的文化科学水平，培养了千百万名干部和专家，亿万名训练有素的劳动大军。正是有了这样一支队伍，才能在苏联共产党的领导下粉碎了德国法西斯的进攻，取得了伟大卫国战争的胜利。

在苏联教育界涌现了一批著名的教育家：有鼓动用共产主义教育青年的加里宁，他对教育下的定义至今仍影响着教育理论界；有运用马克思主义观点分析欧美教育的克鲁普斯卡娅，她对少年儿童的教育思想至今仍散发着光芒；有改造流浪儿童的教育家马卡连柯，他提出的许多教育原则不仅丰富了教育理论宝库，也被广大教师所运用；有提倡教育促进发展的赞科夫，他的实验研究为教育科学实验提供了范例，他的发展能力的理论对教育适应时代的要求，实现教育职能的转变具有重大的意义；有主张个性和谐发展的教育理论家和实践家苏霍姆林斯基，他可以说是苏联教育思想的集大成者，他的相信孩子、尊重孩于，用心灵去塑造心灵的思想是教育思想宝库中的瑰宝，他的教育实践鼓舞着千百万教师，他已经成为广大教师心中追求的偶像，此外还有像维果茨基、巴班斯基等一批教育家，他们都为教育理论的发展做出了重要贡献。

众所周知，中国教育受苏联教育的影响很深。建国之初，我们曾根据苏联教育的经验对旧中国的教育进行了彻底改造，这给当时我国的教育带来过积极影响。但与此同时，也发生过生搬硬套的偏向，产生过一些消极影响。但这主要指教育制度方面。60 年代以后，我们在实际摸索的基础上，结合我国的国情，逐步建立了我国自己的教育体系。但是苏联的教育思想对我们一直有很深的影响。

中国的教育科学研究，走过了一条曲折的道路。“文革”前主要是学习苏联的教育理论，后来曾一度不加分析地予以批判。“文革”中教育科学研究被取消，是党的十一届三中全会给中国教育改革和教育科学带来了春天。改革开放打开了教育界人士的眼界，发现了五彩缤纷的世界。教育理论界开始介绍、吸收世界各国的教育理论和思想，重建我国的教育科学。

正是在这种背景下，中央教育科学研究所恢复了，教育科学出版社成立了。教育科学出版社以为教育改革和发展服务，为教育科学服务，为提高教育、教学质量服务为宗旨，独具慧眼，陆续出版了一大批脍炙人口的苏联教育名著，极大地推动了中国教育科研事业。

苏联虽然解体了，但是反映教育规律的一些苏联教育思想却永放光芒。这些教育思想具有时代性、先进性，因此反映这些教育思想的著作经久不衰，成为我国广大教师和教育工作者爱不释手的佳作。教育科学出版社在纪念我国建国50周年之际，不惜加大人力、物力、财力，重新审读以往出版的、在社会上产生广泛影响的苏联教育名著，以《20世纪苏联教育经典译丛》之名重新出版，这是在本世纪末给我国广大教师和教育工作者的一份丰厚的礼物，也是为70年苏联教育保存的一份宝贵遗产。

顾明远

1998年7月17日

目　录

序　言

每一个教师都了解科学地组织劳动的意义。科学地组织劳动为提高工作效率，并以最合理、最经济的办法达到目的开辟了广阔的前景。在《苏联 1981—1985 年及至 1990 年阶段经济发展和社会发展的基本方针》中提出了这样的任务："科学地组织劳动，提高其效率"①。

科学地组织劳动必须作出长远的和当前的工作规划，提出明确的定额，合理地规定工作人员的职责，善于激发劳动热情，周密地进行核算，很好地检查和分析效果。最优化原则是科学地组织劳动的最重要原则之一。这个原则要求选择最优的(对该条件来说是最有效的)工作方案。这个原则对教育劳动，特别是对科学地组织教学教育过程，有着直接的关系。工作最优化的思想来源于列宁的下列著名指示：应当学会"自觉地选择耗费力量最少而能够提供最大的和最持久的结果的手段、方式和方法"②。

60 年代末到 70 年代初，教育家们越来越多地讨论教学

① 《苏共第二十六次代表大会材料汇编》，第 141 页，莫斯科，1981 年。
② 《列宁全集》，第 8 卷，第 82 页，人民出版社，1959 年。

最优化问题。中小学教师、大学教师和一些学者未能很快地接受这一术语。他们有的人问道："最优化是否就是过去所说的教学的完善化、积极化和强化呢？要是这样，值得在教育学中引入新的术语吗？"但是，学校生活本身却无情地迫使他们意识到这种做法非常必要，就是说，在每种情况下都必须根据教学效果和师生所耗时间，来论证这种最优的教学方案，即对现有条件和现阶段来说是最好的方案。例如，不难提出更复杂的教养内容，使它接近于现代科学前沿。然而，如果它不能为该年龄阶段的学生所接受，或者不符合该学科现规定的学时，那就不能认为是最优的。在教学中不能忽而迷恋于程序教学，忽而热中于算法化教学，忽而醉心于问题教学，这样做都是片面的。要知道，过于侧重完成某些任务，就会不知不觉地降低完成另一些任务的效率，而这些任务在当前对学校来说也是很重要的。所以，必须帮助教师找到解决问题的捷径，以完成工作中日益复杂的任务。

为此，应当阐明哪些教学方法、形式和手段，在何种具体条件下，可以保证最好地完成一定的教学教育任务。应当懂得在某种情况下如何更好地配合使用某些教学方法，既不片面地热衷于某些方法，也不过于追求多样化，以避免这种既不会产生预期效果，反而会使教师的艰巨工作更加复杂化的面面俱到的做法。在解决这个问题方面，Л. В. 赞科夫迈出了重要的一步，他详尽地研究了语言和直观的合理结合方法，指出了教材的最理想速度和难度对加强教学的发展性作用的意义。И. Т. 奥哥洛德尼科夫同其实验室的同事一起，研究了某些教学方法的相对效果，并且指出，在何种情况下，教学方法如何配合，从获得效果的最优化角度来看是最合理的。许多有关科学地组织教育劳动的著作(И. П. 拉钦科,А. Г. 莫利博格等)都强调了最优化原则的意义。许多教学论专家开始注意到,教学原则本身有时夸大了对教学过程的某些要求的作用和意义。因此,在教育学的许多教学参考书中,就不再是孤立地,而是有联系地表述教学原则,从而避免了夸大其中某些原则的作用。例如开始这样表述:教学的科学性和可接受性原则,在教师指导作用下的自觉性和积极性原则,教学中具体和抽象相结合原则,教学的集体性和照顾学生个人特点原则(M. A. 达尼洛夫,H. B. 萨文等)。这是走向选择教学过程最优结构的新的一步。这就为研究教学最优化理论,论证教学教育过程最优化原则(这个原则同时提高学校的教学效果、质量和防止师生负担过重)确立了前提。

在科学领域内对现象和过程进行系统研究的发展,大大地促进了对最优化思想的研究。在作出决定时,只有考虑了系统各个成分之间的各种有规律的联系,我们才有可能期望选择到最优的教学方案。

辩证唯物主义关于真理的具体性原理,对最优化来说,具有特别重要的方法论意义。辩证唯物主义断言:抽象的真理是没有的,真理永远是具体的。这里蕴含着何等深刻的方法论意义啊!正因如此,我们必须考虑班级学生的实际可能性,选择出最合理的教学法决策。真理是具体的,所以不可能找到一切情况均可套用的教学方法。真理是具体的,所以把一个教师的经验推广到所有教师的工作中去的时候,显然应持谨慎态度。真理是具体的,因此,那种不指明运用范围的教学法倡议,单一地研究一节课的教学等,均不足取。

列宁非常形象地写道："如果要拟定一张包治百病的药方，或者一个适用于一切情况的共同准则……那是很荒谬的。为了能够分析和考察各个不同的情况，应该在肩膀上长着自己的脑袋。"①

一般管理理论的研究对最优化原则的发展有直接的影响。这种理论要求考虑管理的主体和客体的相互作用，统一研究活动的设计、组织、调节、反馈联系、校正以及分析效果。

数学的发展也促进了最优化原则的发展。由于数学的进步，就有可能不是按照一个参数，而是同时按照两个或两个以上的参数，找出最优方案。

对最优化来说，必须抓住活动的主要环节这一方法论原理至为重要。在教学过程中，若不抓住本质的、主要的环节，就不可能找到最优方案。因为，我们往往需要从许多可能的特征中区分出主导特征，找出使某些学生学习落后的主要原因，在组织教学方面产生缺点的原因，明确教材内容中主要的、本质的东西，提出占主要地位的教学方法和形式，以便找到相对较优方案。没有这些，最优化便难以确立。

对我们所研究的教学原则来说，绝对真理和相对真理相互关系的方法论原理，也给予我们许多启示。最优化永远是相对的，因为它并不提供理想的、绝对的决策。然而，最优化却是寻求指导教学过程的理想方案的一个步骤。理解最优化同认识相对性观点的深刻联系，就会使教育学上的结论和建议不是片面的和形而上学的，而是真正辩证的。

① 《列宁全集》，第31卷，第50页，人民出版社，1959年。

把最优化原则引进教学论，就需要采取不同方法来解释教学的规律性和教学原则。教师自修的内容和方法应作较大改革，要坚持不懈地积累教师在这方面的工作经验。

在全苏教师代表大会(1978年)的倡议书中提出："要广泛研究、总结和推广教学教育过程最优化的先进经验"，提出这一倡议决非偶然。

在本书中，我们所探讨的是课堂上教学教育过程最优化问题。将来还要研究如何把最优化原则运用于包括课外教育在内的整个教育过程，这是很有益处的。

与以前出版的几本书相比较，本书较注意学生的共产主义教育和发展问题。

苏联教育科学院一般教育问题研究所设在莫斯科市教师进修学院的实验室的全体人员，参加了有关实验以检验本书所提建议。为此，作者向他们表示谢意。

第一章 教学教育过程最优化原则

在教学论中论证了据以顺利组织教学教育过程的一系列原则。这些原则是：科学性原则，教学同生活联系原则，系统性和连贯性原则，可接受性原则，直观性原则，在教师指导下学生的自觉性和积极性原则，知识、技能和技巧的巩固性原则等。所有这些原则并不是教育家随意创造的。它们直接来自教育科学所揭示的有效教学的规律性，这些规律性经常表现在教师的实际工作之中。

规律性是指一定现象之间的本质的、必然的、稳定的、重复的联系。这样，如果我们通过研究和根据多年的经验可以确定，某些因素和条件必然保证取得一定的教学效果，那么就可以说，以这些因素和条件为一方，以教学效果为另一方，这两者之间存在着某种有规律的联系。教育学和心理学已明确了有关教学过程的种种要素、各个方面的许多有规律的联系，其中特别重要的就作为数量不多的几条原则性要求的基础。这些原则性要求就是教师在拟制活动计划和开展实践活动时应经常遵循的教学原则。

在有效地组织教学教育过程的许多规律中，首先应当指出的是**教学教育过程的任务和内容受发达的社会主义社会对全面和谐发展个性的需要所制约**。

在教育学和心理学中，已全面地论证了教学、教育和个性的发展之间的有规律联系。这种联系的依据是：教学和教育“走在发展的前面”，活动与发展之间存在着依存关系，教学过程应当统一履行教养、教育和发展的职能。如果不充分履行哪怕是其中的一个职能，则不能称之为最优的教学过程。

我们的党，过去和现在都不断地注意创造必要的条件，以便履行这些职能。在苏联共产党的纲领中，在党的第二十四次、二十五次和二十六次代表大会的决议中，把培养全面发展的人的任务同建设共产主义的物质技术基础的任务有机地联系起来。在《苏联 1981—1985 年及至 1990 年阶段经济发展和社会发展的基本方针》中，在改进条件以培养全面发展的人方面，提出了新的宏伟任务。这是社会在现阶段对人的合乎规律的要求。这种要求就是**综合地完成教养、教育和发展任务的教学方向性原则**的基础。不管是拟制教学计划、教学大纲和编写教科书，还是设置各学科的课堂教学体系，都应遵循这一原则。

在教育学中已经明确了教学的任务、内容与教学的效率之间的有规律的联系。**如果教学内容能够完成所规定的整个任务，如果它经过严密科学地、系统地和连贯地研究，并与周围生活密切相联系，那么，教学的效率就合乎规律地得到保证**。由此规律而产生**科学性、系统性和连贯性、教学与生活相联系等教学原则**。

教育学和心理学业已明确，**教学任务和内容与学生实际学习能力之间存在着有规律性的依存关系**，也就是说，所提出的任务和内容要同时考虑该年龄阶段和具体班级学生的实际学习能力。只有具备这种条件，才为顺利地进行教学创造现实的前提。任务定得过高，内容过于复杂，会降低学生积极学习的意愿和情趣；他们不能正常地接受这些任务，学习的意志力也就迅速下降。教学不能达到所期望的效果。任务过轻，内容简单，学生也不会表现出应有的意愿和情趣，也会削弱学习的意志力。学习效果，特别是发展性效果，必然低于本来可能达到的水平。在任务和内容都处于最优水平的情况下，学习动机就会最大限度地调动学生活动的积极性，他们会积极接受任务，把这些任务作为自身行动的指南；学生的意志力也会得到锻炼，并有助于克服学习中的实际困难，从而得到现有条件下可能的最大效果(见附表1)。

教学任务和内容，要是最恰当地符合于学生和教师的能力，符合于现有的教学条件，那么，这些任务就会与学生的个人努力发生“共鸣”，与他们兴趣的总倾向发生“共鸣”，从而保证更迅速、更有效地完成这些任务。由此规律而产生**可接受性的教学原则**——教学必须符合学生最近发展阶段内的实际学习能力原则。

教学论揭示了教学速度与教学效率之间的有规律联系。对教学实践的分析令人信服地表明，教学进度太快，学生来不及思考教材，未能作必要的练习，未能巩固所学的东西，未能作自我检查，这一切必然导致教学效率下降。相反，教学进度太慢，也是组织教学过程所不能接受的，因为这样一来，不仅会造成学习教材时间不足，而且会降低兴趣和意志力，阻碍学生思维发展。由此可见，教学效率对于选择相应班级的最优教学速度存在着有规律的依存关系，只有选择符合于相应班级的最优教学速度，才能保证取得该条件下可能的最大效果(见附表2)。由此规律而产生**可接受性的教学**

原则。

教与学的统一，对教学过程来说，也是合乎规律的。教学过程的这两个方面，只有在相互联系中共同发挥作用，整个教学过程才能达到所期望的效果。如果教师积极地教，学生却不参与掌握知识和技能的过程，那就不可能指望有什么成果。另一方面，众所周知，学习一旦得到教师直接或间接的良好指导，就会更加有效。由此规律而产生**在教师指导作用下，学生在教学中的自觉性、积极性和独立性的教学原则。**

人类知识世代相传的过程和心理学和教育学的专门研究都表明，教学的效率有规律地依存于人的感觉器官的知觉程度。**对教材的感知越是多种多样，就越牢固地掌握这些内容。**这一规律性早在**直观性教学中得到**反映。

从任何活动的最优管理规律来看，很明显，**如果没有保证应有的活动动机，以积极的态度来对待活动，要在规定的时间内达到应有的效果是不可能的。**根据这个规律性，我们认为，必须承认**激励和形成学生积极的学习态度原则，**同上述诸原则具有同样的地位。

教学论明确了教学方法、教学手段和教学效率之间的有规律的联系：**教学的效率有规律地依存于选择各种教授方法、激励方法和检查方法的最优结合方案。**如果教学方法和教学手段的选择符合于所提出的任务，考虑到内容的特点和学生的能力，那么，教学效率就是相应条件下可能达到的最高水平(最优水平)。如果方法和手段的选择，在各种不同条件下，都是千篇一律，不考虑要完成的任务的特点与内容的特征和学生的能力，那么，教学的效率必然低于最优水平。由此可见，惟有深刻而全面地认识各种教学方法和手段的可能性，才有可能有意识地保证选择最合理的方法，或者根据相应条件配合使用这些方法。这样，就得考虑还有一条**最优选择教学方法和手段的教学原则**。

教学形式和教学效率之间有规律的联系也已明确：**教学效率有规律地受制约于所选择的教学形式**。每一种教学形式——全班的、小组的和个别的都能顺利地完成一些教学教育任务，而对另一些教学教育任务的效果就较小。某种教学内容需要采取全班教学的形式，另一种内容需要采取小组教学的形式，第三种内容则需在课堂上进行个别教学。把一些教学方法作某种结合加以运用，就有可能进行小组活动和个别活动，而作另一种结合时，则可以利用全班活动的形式。有的班级的学生已经有了很好的训练，可以开展小组活动和个别活动，而有的班级却不可能同样运用这些形式。因此，在选择教学形式时，必须考虑任务、内容的特色、该班成员的特点、以及课堂教学某个阶段所采用的教学方法和手段。如果在选择教学形式时不考虑上述一种或几种因素，那么教学的效率就不会是最优的。由此规律性而产生**选择最优教学形式的教学原则**。

教学的效率不仅有规律地依存于正确发挥教学过程各组成部分的职能，而且有规律地依存于**具备教学所必须的最优的教学物质条件、学校卫生条件、道德心理条件和审美条件**。由此规律性而产生这样一条**教学原则：不仅要适应现有的条件，而且要在相应情况下尽最大可能来改善这些条件**，这种改善是师生不必付出过多时间就能做到的。

综上所述可以看到，在制订教学原则体系时要考虑到有效发挥教学过程作用的上述各种规律。教学原则体系不是永恒不变的。苏联教育学所持的出发点是，在社会进步的影响下，随着新规律的不断发现，教学原则可能而且应当改变、充实和更新。

为了顺利地达到科学地组织教学的目的，非常重要的是以**教学过程最优化原则**来充实现有的原则体系。**这条原则要求从若干可行的教学过程方案中，有意识地选择出这样一种方案，在该条件下，这种方案能够保证在完成学生的教养、教育和发展任务方面，可能取得最高效率，而且使教师和学生付出的时间和精力均为合理**。只有最优地、而不是片面地和过分地运用上述的所有原则，才能保证实现教学最优化的原则。这条原则，一方面使教学原则体系更加完满，另一方面又贯穿着前面提出的每一个教学原则，并确定了运用这些原则的适当程度。这就是为什么这条原则既具有特殊的意义，又具有普遍的教学论意义。

近年来，苏联教学论，确立了这样一条教学方向性原则，即综合地去完成教养、共产主义教育和发展学生个性这几项任务，这条原则在于指明完成学校所面临任务的最佳途径。

实际运用这一原则的前提是，教师必须对苏联学校所进行的教学的基本目的或基本任务有个整体的了解①，善于把每一堂课的各种任务最合理地结合起来，并且突出其中特别重要的、占主导地位的任务。

① 在苏联教学论中，目的和任务这两个词往往是同义的："目的"的概念通常包含着若干具体任务。

属于教学的这种教养性目的或教养性任务的，包括培养学生掌握各种社会的和政治的、人文科学方面的、自然科学和数学方面的、劳动、技术和其他方面的基础知识；培养他们具有各门学科的专门技能。完成这些任务，也就为学生科学世界观的形成奠定了基础。

属于教学的教育性目的或教育性任务，有学生的思想政治教育、道德教育、劳动教育、美育和体育方面，有着密切不可分割的联系，这些任务的顺利完成将对一个人的世界观的形成和积极的生活态度产生重大影响。

教学的发展性作用，是通过完成下列任务而得到保证的，这就是培养学习活动的技能技巧，培养知觉、注意、记忆、思维的技能技巧，培养人的意志和情感、发展他的兴趣、能力和禀赋。这里，“发展”一词是狭义的，指的是心理方面，而不是指人的全面、和谐的发展，全面、和谐的发展依靠教养、教育和心理发展的统一结合来保证。

教师了解整个教学任务，就会确定每堂课的具体任务，把各种任务最合理地结合起来。这时他知道，解决一种任务就促进其他任务的解决。例如，教师传授科学知识，同时也为培养一定个性品质打下教养基础。同样，在课堂教学过程中所实施的重要的思想教育，也会激励学生学习。以最优化来说，重要的不是指出课堂教学可能完成的所有任务，而是选出其中特别重要的，在规定的时间内能够顺利完成的任务。应当指出，在实践中，有些教师把课堂教学的任务往往局限于传授一定的知识，很少考虑课堂的教育性任务，他们尤其忽视提出培养一般学习技巧、发展智力、培养意志、情感、需要和能力的任务。有许多教师也不善于对所提任务的数量作最佳选择。这些缺点是某些学科的教学法有缺陷所致，这些教学法对未来年轻教师培养综合规划课堂教学任务的技能没有多大帮助。

确定教学任务之后，教师就转而确定具体的课堂教学内容。这里，他应牢记有关教学与共产主义建设实践相联系和教学的系统性、连贯性和可接受性等原则的要求。科学性和可接受性的程度，教学的系统性和连贯性本身的性质，对某种教育场合来说，应当是最优的。

科学性原则是苏联学校最重要的教学原则。这个原则要求通过教学内容使学生认识客观的、科学的事实、概念、规律、理论，要求教学尽最大可能阐明现代的科学成就，并向学生介绍该知识领域的发展前景。同时，这个原则可以避免学生在叙述自然现象和社会现象的本质方面受肤浅作风的毒害，免受迷信和宗教信条的影响。

在现代条件下，科学性原则不仅要求使学生认识真正科学的事实，而且要了解劳动的科学组织方法，下列做法对此大有帮助：把构成疑难问题的要素，研究性的实验作业和实习作业的要点贯穿到教学中去，训练学生观察现象、记录和分析观察结果的技能，以及进行科学讨论、证明自己的观点、合理地利用科学文献资料和科学图书检索工具等的技能。

在实践中实现科学性原则的要求，有助于培养学生树立辩证唯物主义的马列主义世界观，这种世界观真正科学地反映出世界的实际情况。这就是这种世界观与唯心主义、形而上学的资产阶级世界观在原则上和本质上的区别。教师突出每一课题的主要世界观观点，阐明其发展的辩证法，使学生相信这些观点的科学客观性，指出辩证唯物主义的规律性在有关科学领域中的运用，科学本身发展的辩证法，科学发展过程中的统一和矛盾。例如，科学知识的分化和综合化，科学信息的大量积累及其迅速老化，这一切，就是以真正科学的方法来研究自然现象和社会现象的极有价值的手段。正如我们上面指出过的，要最优地运用科学性原则，必须使教学内容接近于科学的前缘，与此同时，还应当使它处于学生一定年龄阶段所能接受的水平。

同科学性原则有直接关系的是**教学与生活、与共产主义建设实践相联系的原则**，因为在发达的社会主义条件下，科学已变成直接的生产力。在现代生产条件下，一切社会生活和人类活动都渗透着科学的思想，而与工农业和社会生活中的运用相脱节，就无法研究这些科学思想。只有与工农业生产和社会生活联系起来，学生才能形成以真正的科学观点来观察生活现象，才能合乎规律地把共产主义建设理解为有科学根据的过程。

教学与共产主义建设实践相联系的思想，是以马克思列宁主义学说关于理论与实践统一，关于教学有规律地受社会目的和条件的制约，关于学校中教学目的和教学内容的党性，关于教学同完成建设共产主义社会的任务密切联系的必要性等重要原理为依据的。

这一教学原则的实施，有助于掌握科学同生产相联系这一辩证唯物的思想。全体教师都应当使学生深信，生产和社会生活的需要引起科学理论的发展，科学理论的发展则反过来为生产的发展开辟新的可能性。为实现这个教学原则，教师必须专门选择鲜明的、令人信服的例子，以说明每一个主要的科学概念，规律在工业、农业和社会生活中的应用。在这方面非常重要的是从大量可用的例子中，挑选出最普遍的，具有综合技术意义的，从生产和社会生活发展的角度来看最有远见的例子，在《年青的共产党人》、《共青团生活》、《接班人》、《科学与生活》、《知识就是力量》、《技术与青年》、《自然界》等社会政治杂志和科学教育杂志中就有许多这样的例子。应当更大胆地引导学生选择生活中的例子，向他们布置作业，要求他们把某个时候学到的理论原理运用到周围生活中去，让他们在课堂上举出自己的例子，补充教师的例证等等。

这个原则认为，教学与国民经济中的生产劳动，与学生的社会实践活动相联系是最重要的因素。在现代普通学校实践中，这个原则的崭新的和迫切的意义就在于此。现在不仅在家庭，而且在生产单位里，为教学与劳动相结合创造了更加有利的条件，可以在教学生产联合工厂、教学车间、学校工厂、学生生产队里从事劳动。形成积极的生活态度，需要在课堂活动和课外活动过程中更广泛地吸引学生参加社会政治活动。这个原则要求通过教学而培养出来的学生，能完成党和政府在共产主义建设的一定阶段所提出的最重要任务。这不仅应使学生懂得生产技术，而且应使他们了解生产的社会经济关系和法律关系。还必须考虑这样一种情况，即教学同共产主义建设实践的联系应当创造条件，使学生了解世界上的政治事件，以及从资本主义向共产主义过渡时代的基本过程，也就是要使他们了解民族解放运动，科技革命，社会主义经济一体化，社会主义生活方式的本质，我国制度的真正人道主义和资产阶级现实生活中的虚伪人道主义，资本主义世界中人的虚伪自由等等。这个原则还要求在教学过程中不仅要考虑我们的日常生活对学生的积极影响，而且要克服可能产生的对正在形成的个性的不良影响。

因此，在教学过程中必须令人信服地揭露宗教的思想和教义，揭露资产阶级宣传的各种流言蜚语，资产阶级的宣传特别寄希望于青年和儿童。

系统性和连贯性原则要求系统地、连续地、按一定逻辑顺序来形成知识、技能和技巧，内容的每一组成部分同其他部分都必须有逻辑的联系；后面的内容以前面的内容为基础，同时为掌握新的内容作好准备。它要求教师必须从课题讲授顺序的若干可行方案中，自觉地选择出对该条件来说是最合理的方案。从这个原则可以引申出，必须选择课堂教学基本环节——提问、学习新内容、复习、巩固等的最优结构。在教学过程中体现了系统性和连贯性，就能付出较少的时间，获得较大的效果。

在社会主义学校条件下，系统性和连贯性原则首先体现在教学大纲和教科书的内容上。当然，课题的教学顺序可能有各种不同的方案，但是有一点是不变的，这就是教学上要有严密的逻辑性。

在教学实践中，系统性和连贯性原则体现在制定课题和每堂课的教学计划过程中。在这一过程中，教师要规定课题中各个问题的学习顺序，理论作业和实验室作业的顺序，复习教材和检查教材掌握程度的顺序。在这方面，教师要以教学大纲所提出的该课题教学教育的基本任务为依据。根据系统性和连贯性原则，教师应这样安排课堂教学课题的问题，即先学原始概念，然后才学习从原始概念引申出来的东西。

实践性练习也通常安排在理论学习之后。只有当它们能为以后的理论概括和结论提供必要的材料时，情况才有例外。

系统性和连贯性原则不仅应当体现于教师的活动中，而且应当体现于学生本身的活动中，必须培养学生具有合理规划学习活动的技巧，编写逻辑严密的答案提纲、作文提纲的技巧，以及做实验室作业的技巧。

可接受性原则要求应根据学生实际学习能力水平安排教学内容。这个原则要教师力求不使学生在智力上、体力上、精神上负担过重，超负荷对他们的身体健康和心理健康都会产生不利影响，不要过分耗费学生的时间和精力。这并不是说，教学内容只能是简单的，只能是相应年龄阶段学生易于掌握的。正如对教学的发展性作用的研究结果(Л. В. 赞科夫、Н. А. 缅钦斯卡娅等)所表明，对学生来说，教学内容应同时具有适中的复杂程度和难度。只有如此，教学才会对学生产生积极的发展性作用，而过于简化的教学方案只会涣散学生的思想，并且会事与愿违，降低他们的学习兴趣。

可接受性，是指教学内容的分量、难度和教学速度，必须最优地符合于学生最近发展阶段的实际学习能力。

值得注意的是，在教育学文献中，实现可接受性原则的要求，有时被认为同实现科学性原则的要求相矛盾，据说，因为高度的科学性会使教学成为不可接受的。实际上，不可接受的现象往往不是教学内容的科学复杂性引起的，而是缺乏成功的教学法体系，讲授不循序渐进，又不善于突出其中主要的、本质的东西所引起的。

为了在实践中实现可接受原则，应当特别严格地调整家庭作业的分量，使它符合于学校的卫生规范，并且为该班学生所能接受。

为了保证有效的教学，贯彻**激励学生树立积极的学习态度的教学原则**，是非常重要的。

大家知道，学习动机有两大类——兴趣动机，义务感和责任感动机。诸如内容新颖(引进科学技术的新成就)、引人入胜和富有情感，在教学过程中组织学习性探索，教师在课堂上组织认知性争论，运用比较和类比，统觉(依靠学生的生活经验和已有的知识)，游戏等刺激物都可以称为特殊的“打开认知兴趣大门的钥匙”。善于利用这些教学刺激物的教师，可以保证学生具有较高的学习兴趣。值得注意的是，在这些刺激物中，不仅内容的趣味性和游戏性很重要，消除认知障碍也很重要。有经验的教师都在教学中把重点从第一类刺激逐渐转向第二类刺激，这是很有效的策略。

但是，如果把激励学习仅仅归结为激发认知兴趣那就错了。义务感和责任感动机也具有重大的意义。要培养这种动机，可建议采取下列的教育活动方式。

1. 令人信服地向学生阐明学习之所以对社会和个人都具有重大的意义，是因为不仅对发展科学(这一点是经常强调的)，而且对从事物质生产领域的创造活动也有重大意义；

2. 指明生产的合理化和发明创造，取决于工人是否具备有关的知识，还应指出，依靠科学成就能使劳动达到怎样的有效程度，则个人在集体中的地位也会得到同样程度的良好影响；

3. 教育学生在学习和培养意志过程中，应具有顽强精神和坚持不懈的毅力；

4. 鼓励完成比较复杂的任务和多多尝试解决困难的任务；

5. 循序渐进地对学生的学习活动提出一定的要求；

6. 明确地规定总结的目的、任务和形式，评定的标准；

7. 教育学生不断对自己提出要求，这将促进义务感和责任心的自我培养；

8. 在提出要求和评定活动效果时，广泛依靠学生的舆论。

应当看到，除了良好的动机之外，也有一些积极学习的不良动机——虚荣心，恐惧感，害怕受处分等。教师应当最大限度地消除这些消极因素。

在教学任务和内容确定之后，在学生形成初步的学习动机之后，教师就着手选择组织教学的方法、手段和形式。这里，教师除了运用上面说过的原则之外，还必须依靠教学的自觉性、积极性、独立性和直观性等原则。下面我们将逐一加以详细评述。

在教师指导作用下发挥学生在教学中的自觉性、积极性和独立性原则，是合乎规律地来源于整个教学过程中教学的统一。只有学生进行积极的、自觉的学习，才能使整个教学过程产生所期望的效果。这些原则表明，学生不仅是教学的客体，而且是教学的能动主体。这些原则有助于形成学生积极的生活态度。不仅应当把学生的积极性引向简易识记和集中注意力，而且引向精力充沛地、独立地获取知识的过程本身。这样学生可以说，自己掌握新知识，自己研究事实并作出力所能及的结论和概括，自己检查自己的知识，发现和纠正错误和不准确之处，自己拟定掌握知识的新活动计划。当师生的积极性水乳交融的时候，就为获得事半功倍的效果创造了条件，即实现了教学最优化。

在教学过程中，重要的是不仅要保证发挥个人积极性，而且要发挥集体的积极性。发挥集体积极性是通过完成全班性作业和实习作业以及集体参观时，组织共同的学习活动，这里照例建立若干实验小组。

最后，还必须注意，学习中的积极性不仅应当表现在课堂上，而且应表现在完成家庭作业、在进行各种课外活动和校外活动过程中、在学习选修课程等方面。学习不仅应当是积极的，而且应当是自觉的。Л. В. 赞科夫恰当地表述了自觉性在教学中的意义，他认为学生理解学习过程是加强教学过程的发展性作用的最重要条件。自觉地掌握知识，可以防止形式主义，同时有助于把知识变成学生的深刻而牢固的信念。

我们提到的这一教学原则，除了积极地和自觉地掌握知识之外，还要求培养学生在学习中具有独立性。我们往往可能遇到这样的学生，他们积极地做作业，但这是在教师严格管理和细致指导之下做的。他们并没有表现出独立地、有新见解地解决问题的因素。因而，在完全独立的情况下，这样的学生往往无法采取积极的行动。

总之，学生在学习中的积极性、自觉性和独立性应当紧密相联地得到发展，富有内容地互相补充和互相渗透。在这个重要问题上，首先要求每一个教师应力求指明为什么必须掌握这种或那种教学内容。

那么，在实践中如何才能保证成功地实现这些原则呢？根据先进教师的工作经验，可以提出这样的建议：尽量使教学方法多样化，以便保证具有不同识记、思维和兴趣类型的学生能够积极参加活动。应当在教学过程中广泛地运用谈话法，创造问题情境，使学生感到有必要证明、论证、说明、评论另一些观点；更广泛地采用学生在课堂上独立学习的形式和方法；教会学生采用合理的方式安排学习活动。应当在学校实验园地上广泛地进行实验，在生产教学时间里开展合理化作业，并鼓励学生撰写诗歌、故事和创作性作品等。应当坚决反对死记硬背，不求甚解地识记教材等现象，教育学生学会合理的、有逻辑的熟记方式。如果不具备独立工作的技巧，学生实际上没有作好走向生活的准备。所以，在苏共第二十五次代表大会材料汇编中特别强调指出，培养学生独立地充实知识的能力，以及在信息洪流中作出判断的能力，是现代学校最重要的任务之一。独立学习不仅可以形成有价值的学习技能和技巧，而且可以培养意志，争取达到目的的毅力，以及开展活动的信心。

要最优地在教学中运用学生的自觉性、积极性和独立性原则，就必须善于教育指导学生的活动。这样指导既可以采用直接的形式(教师在课堂上积极地指导学生的学习)，也可以采用间接的形式(学生独立地做教师以前布置的作业)。低估教师在教学过程中的指导作用，会导致学生活动混乱，因为，这些学生尚无自我管理学习的必要经验。但是，过分强调教师的指导职能，往往会束缚学生的主动精神，扼杀他们的积极性和独立性。过分的管束会抑制学生自身的努力。所以，把学生的积极性同教师的教育管理最优地结合起来是很重要的。在每一个具体场合，必须考虑教学内容的特点，学生的能力，他们进行独立工作的准备程度等，来决定这种结合的尺度。

教学的直观性原则，从广义来说，要求人的所有感觉器官——视觉、听觉、触觉等都参与掌握学习信息。这个原则Я. А. 柯缅斯基早就提出来了，并把它看做是“宝贵的规则”，要求所有的东西，只要可能，都要通过感觉来接受。К. Д. 乌申斯基则进一步要求，在感觉基础上所产生的概念，然后应联结为思想，而思想则要获得语言表达。

苏联生理学家П. К. 阿诺欣证明，知觉和思想之间不仅存在着直接的、逻辑性的联系，而且还存在更复杂的依存关系。他在说明“超前反映”现象的特征时指出，在这种情况下，人们在感知现实时已经以思想作为依据。

Л. В. 赞科夫在其学术著作中揭示了教学过程中言词和直观相结合的各种可能的形式，并且指出在何种情况下，哪些形式是最合理的。

由此可见，教学论不仅逐步扩大了“直观性”这一术语的含义，而且接近于在教学过程中把各种教学方法最优地结合起来的思想，这些教学方法，从其总体来看，足以保证最大可能地利用听觉、视觉、触觉以及其他知觉。

直观性原则是借助于统一运用口述教学法、直观教学法和实践教学法而得到体现的。要最优地运用这个原则，不可夸大言语手段、直观手段或者实践活动的作用；也不可以平均地、在任何情况下都同样地利用这几种感知学习信息的方法。最优化要求在每一种教育场合，都考虑这时所要完成的教学教育任务，教材内容的特点和该班学生的实际学习能力，找出最合理地综合利用各个方面的知觉。所以，在现代条件下，这个原则表述为必须最优地配合运用口述教学法、直观教学法和实践教学法的直观性原则是合理的。

在学校具备各种各样教学手段——直观教具、实验设备、教学技术手段等等的情况下，越来越有必要最优地选择教学手段。在教师的实际工作中，我们常常看到，现在对于各种教学手段的利用，既有不够重视的一面，但也有过分强调的现象，即力求在课堂上大量采用教学手段，以致妨碍学生把注意力集中在主要的、本质的东西上，把他们的注意力分散在次要的现象和事实上等等。最优地选择教学手段，就是要求教师从已有的仪器、挂图、实验、技术手段(幻灯片、电影片等)中，选择最有助于完成课堂教学基本任务、使用起来又省时间的那些教具。

如果概括一下教学的自觉性、积极性、独立性、直观性原则所带来的结果，那就可以归结为独立的教学原则，这个原则要求选择各种教学方法——口述法、直观法、实践法、独立工作法、问题探索法和复现法的最优结合方案。在各种具体的场合下，都必须选择这些方法的这样一种结合方案，在这种结合方案中，其中的一种方法起主要的作用，另一些方法起辅助作用。选择时要以课堂教学某个阶段应完成的任务，内容的特点，学生的年龄特点和其他特点作为依据。

在教育学和教学论的许多教学参考书里，个别对待学生的原则不止一次地被称为教学的独立性原则。对现实的教学过程作更深入的分析表明，不称教学的个别化原则，而称**全班的、小组的和个别的教学过程组织形式最优结合原则**更加合理。这一原则要求，不仅要以共同的方法来教育全班学生，以区别对待的方法来教育各组学生，而且要以个别对待的方法来教育个别学生。问题在于个别对待的方法，在班级人数众多的情况下，并不是都能做到的。此外，个别对待的方法也不是在任何情况下都是必要的，因为全班和小组的教学组织形式，在一定条件下，具有自己的优越性。

所谓全班的教学组织形式，是指全班学生在教师指导下，同时参加共同的教学活动。这种教学组织形式，通常是在教师采用讲述、讲演、谈话等方法的时候运用的。这种活动的优点在于教师可以保证同时指导全班的活动，积极控制对信息的感知，纠正典型的错误，给予共同的指示，组织大家共同巩固和复习知识。

这种活动形式，从时间和组织教学的经费角度来看，是比较节约的。但同时全班活动也有弱点，这就是不能很好地照顾优生和差生的学习认知活动特点，以及完成作业速度不同的各组学生的特点。这就需要把全班的活动同小组的学习活动结合起来，这时，班级暂时分成几个小组、小队，以便完成一定的任务。小组活动的形式，在解习题，做练习时常常采用，在学生生产队里从事劳动作业时，在进行生产参观、做实验室作业时，在教学生产联合工厂进行作业时也常常采用。现在，在学习外国语时，特别是在使用录音设备，互教互学时，也经常采用小组活动的形式。

在课堂上给差生和优生布置不同的作业，也是分组教学的办法之一，此外还可以按照学生共同的兴趣，课外交往情况，在学习中互相帮助的可能性进行分组，这样的分组往往是暂时的。小组的活动形式，要比全班的活动形式，能更好地照顾学生的特点和需要，以及他们的实际能力。不是任何小组活动都是集体活动。只有在学生共同拟定活动的目的和方法，集体地分析活动的成果时，小组活动才具有集体的性质。我们的任务是在最大限度内，使小组活动变为集体的、足以保证取得最高教学效果的活动。小组活动的弱点是不能很好地照顾个人的特点，如果没有找到吸引每个学生参加活动的办法，某些学生还会出现消极现象。

个别活动是每个学生独立进行的，同学之间没有互相帮助。这种活动能够很好地照顾学生学业程度和学习速度的特点，思维、识记等特点。在做练习，解习题时，在使用教学机器、程序检查装置时可以成功地采用这种活动形式。但是它也不能到处运用，因为所需时间较多。所以，在每堂课上，各种教学形式都应经常地、巧妙地结合起来。

为了便于选择这种结合方案，可以利用下列示范表，这个表反映了各种教学形式在完成教学过程的某些任务方面的比较效率。

项目 顺序	教学组织形式	完成教学任务的比较效率 （+！高；+中；±较低）			
		形成和培养			
		知识	技能	活动速度	学习的独立性
1	全班	+！	±	+！	±
2	小组	+	+	+	+
3	个别	+	+！	+	+！

按照这个表，教师可以选择有利于顺利完成课堂教学某个阶段的基本任务的教学组织形式。

必须指出，在教学论中，教学形式分为课内和课外两种。属于后一类的有参观、实习、生产作业、使用教学机器、考核和考试。教学工作的这些形式也必须考虑该科教学在某个阶段上所要完成的教学教育任务来加以选择。

还有一个很重要的**教学原则是为进行有效教学创造良好的条件**。马克思强调指出：条件并不直接列入劳动过程，“但是不具备条件，劳动过程或者完全不能进行，或者只能不完善地进行”①。

大家知道，基本条件有四种：教学物质条件，学校卫生条件(保健条件，保暖、通风和照明条件)，道德心理条件(掌握分寸、合理要求、善于表彰成绩、组织同志式的相互帮助)，美化条件(学校、班级、专用教室等的装饰)。

为了创造最优的教学物质条件，教师必须具有苏联教育部所建议的教学专用教室设备的目录，教育出版社所出版的各种教学参考资料书目单，苏联教育科学院学校设备和教学技术手段研究所所推荐的技术手段、实验设备和直观教具的目录卡，这里规定了各个学科每一课题最好采用哪些设备。熟悉这些文件，教师就会设法订购具有头等意义和多种作用的设备和资料，组织全班学生在学校实习工厂里制造可用的分发性材料(辅导卡片、挂图、两射幻灯用的胶片、编码显示器用的表格，全班实验用的仪器等)。

至于创造最优的学校卫生条件，这就应当由教师和班主任来做，他们要考虑学校的卫生要求，负责安排学生在班上和专用教室中的座位，保证课间休息时教室里的通风等等。

① 马克思：《资本论》，第1卷，第1册，第191页，莫斯科，1973年。

为教学创造必要的道德心理条件，需要采取特别细致的、妥善的、因而对许多教师来说是比较复杂的办法。我们组织专家(校长、教导主任、社会团体领导人)对800名教师的工作进行了评价。评价结果表明，在所评价的40种教师品质中，教育分寸是评价最低中的一种，这是一种严重的缺点。这说明必须进行专门的教育和自我教育工作，使每一个教师都具备这种品质。当然，这在很大的程度上取决于教师内在的文化修养和待人接物的作风，取决于他们对自己的专业、对儿童教育工作的兴趣。但同时正如观察所表明的那样，甚至在具有这些品质情况下，有些教师有意识地对学生要求过高、过于严厉、过于冷漠、官僚气十足。他们认为，与儿童相处要是没有权威气派，那就是人的一种弱点。为了证明这种态度是正确的，甚至发表了这样的意见：儿童更爱严师。当然，严格、公正的要求都是需要的，但是，儿童久久怀念的却是那些以坦率态度和慈善心肠对待他们的教师。这里，不能容许模棱两可的态度，同样，不能对半运用严厉的方式和“温和”的方式。这里也像整个教育工作那样，应当有意识地选择最优的方法，就是说，在一定场合下，最好以某种态度为主，并力求把各种态度巧妙地结合起来，严中有慈，慈中有严，要使每一个教师都具有这样的主要特征。

对教育劳动骨干的工作进行大量的观察表明，他们同班级接触交往时，态度谦和有礼、沉着谨慎、善于为差生创造成功的情境等等。这种正确的态度，不仅为学生的学习创造良好的条件，而且教师本身还可避免劳神生气，使他们保持较高的工作精力。借助专门的测量器长期测量教师的疲劳度，以及上课后的神经兴奋度，令人信服地证实了上述结论，并表明教师自我修养的必要性。

教学实践表明，**有效地检查学生在专业学习和一般学习中掌握知识、技能技巧的进展情况的原则**是非常重要的。这个原则对及时发现学生在掌握教学内容上的典型困难和缺点，对培养他们在学习中进行自我检查的能力，显然特别有价值。教育心理学方面的著名专家Ш. A. 阿莫纳什维利认为，学生应当找到激励自己的学习认知活动的源泉。教师应设法教会学生自我评价学习中的进步。在培养低年级学生自我评价能力方面，Ш. A. 阿莫纳什维利提出三种基本的活动形式。第一种是教师的评价活动。它的目的在于激励学生的学习认知活动，并且予以校正。这时，学生领会了一定的标准，掌握评价活动的一些方法。第二种是学生的集体学习认知活动，在这一活动过程中形成了公共舆论、公共标准和评价方法。第三种形式是学生独立的学习认知活动，在这种活动过程中形成内在的评价，即根据已掌握的标准所进行的自我评价①。

所有这些自我检查形式，只有与教师的检查和评价相结合，才能在教学过程中发挥最好的作用。

教学过程效果的巩固性原则是最重要的教学原则之一。体现这个原则才有可能迈开重要的一步，争取把教养、共产主义教育和学生心理发展这三项任务最优地结合起来，而这正是学校必须完成的社会任务。知识应当具有实效性，不应

① Ш. A. 阿莫纳什维利：《教学、评定、分数》，第42页，莫斯科，1980年。

当具有消极的直观性。这就要教师注意保证知识与信念一致、言语与行动一致、意识与行为一致。实效性表现在善于利用知识来完成公益劳动中、班级集体生活中、与同龄人交往中的实际任务，即不仅完成学习任务，而且完成生活中的任务。

最后，应当特别强调指出，不可低估某一个原则的作用，也不可使之绝对化。因为，这样做会降低完成许多教学任务的效率。只有完整地运用所有的教学原则，保持它们的密切联系和注意应有的分寸，才能保证现代学校的有效教学。教学各个要素和整个教学教育过程最优化原则是使各个教学原则得到合理运用的保证。

第二章 最优化的基本准则和方法

如果没有提出明确的标志，借以评价某个过程的优化程度，那么，任何关于该过程是不是最优化的争论都毫无意义。要知道，最优的教学过程，一般地说，不是最好的教学过程，即并非理想的教学过程。最优，也不是最大和最小的简单平均数。最优是指对现有条件来说，对学生和教师在当时的实际可能性来说，以及从一定的准则来看是最好的。这些准则，在每种场合，都是具体规定的，随着学生和教师可能性的变化而逐渐复杂化。最优化的准则总是同一定的教学效果相联系。有过一个时期，有人认为没有留级生的教学就是最优的教学。后来，提高了对学生知识质量的要求，以及要求增加学业成绩优、良的学生人数。以后又对教学过程的效果提出更高的要求。教学过程不仅应当传授知识和技能，即对学生进行教养，而且应当对他们进行教育，使他们得到发展(教养、教育和发展，在这种情况下是指狭义的)。所以，在现代条件下，最优地组织教学过程，应当是使各个班级的每一个学生，在掌握教学内容方面，达到他当时实际可能达到的最高水平(优、良或者及格)，同时在可能的范围内，提高他的教育水平和发展水平。从原则上说，学生学业成绩可能达到的最优水平，以及教育水平和发展水平的尺度，是教师同班主任和学校领导一起，在对学生进行系统研究的基础上加以确定的。研究学生的办法有观察、询问、检查书面作业、课外活动时的交谈以及其他形式的交往等。因此，要使教学最优化，就一定要研究学生的实际学习能力，还要以教师能够采用的哪怕是最简便的形式，确定学生在教育水平和发展水平方面能够提高到什么程度。

因此，**在现代条件下，教学过程效果最优化的第一个准则是每一个学生在教养、教育和发展三个方面都达到他在该时期内实际可能达到的水平，但不低于所规定的评分标准的及格水平。**

为了在不加重学生和教师负担的情况下获得最优效果，必须明确规定时间用量，特别是家庭作业的时间量。例如，学校章程规定，学生用于家庭作业的时间，一年级不得超过一小时，二年级不得超过一小时半，三到四年级不得超过二小时，五到六年级不得超过二小时半，七年级不得超过三小时，八到十年级不得超过四小时。关于学生课外活动的时间用量，也规定了标准数①。

四到十年级教师最优的时间量应当是每周上课十八小时，备课时间也大致如此(每天三小时)②。低年级教师应当是每周上课二十四小时，备课十二小时。当然，每日六小时的工作量并不包括用于社会活动的时间，各个机关都是利用工余时间开展社会工作的。

---

① 参阅 M. И. 康达科夫主编：《学校中的教育工作》(文件汇编)，第284～286页，莫斯科，1976年。

② 六小时工作量是示范性的，是我们参照中等专业学校和高等学校教师的工作量而提出的。

由此产生**教学最优化的第二个准则是学生和教师都遵守有关课堂教学和家庭作业的时数规定**。贯彻这一原则可避免师生负担过重。

教师最好还要懂得，不仅可以按照两个准则，而且可以按照三个和四个准则，来实施教学过程最优化。例如，大家知道，教学过程可能安排得很紧张，以致在后面的几堂课里，学生已不可能以应有的方式来掌握教学内容。因此，还可按照学生精力的合理使用来实现教学最优化。教学过程最优化还可以根据实现这一过程所耗经费来看：在某种情况下，得到同样效果，用同样时间、同样精力，而较省教学经费，这就是较好的方案。

在现阶段，教学过程最优化是按教学效果和时间耗费这两个准则来实施的。最优化向教师指出了以较少力气获得较高的教学教育效果的捷径。最优化可以使教师摒弃那些习以为常的、由于教学不甚得法而产生徒劳无益的做法，避免无止境的尝试和错误，返工劳动，浪费时间。我们想起了 A.B. 苏沃罗夫的一句名言：粗心人总是事倍功半。那些不善于最优地组织教学教育过程的教师，做起工作来正是如出一辙。

要经过若干阶段才能对教学最优化作出评价。首先，要根据一定的要件评价学生的教养、教育和发展的起始水平。然后，大致规划一下这些水平经过一段时间后可能提高到什么程度。接着再采取一系列教学教育措施，并评价学生水平所发生的变化。最后，把所取得的效果同可能达到的最优效果作比较，把用于家庭作业和课外活动的时间，同各年龄段所规定的时数相对照，对所采取的那一套措施的优化程度作出结论。在比较各种不同方案并从中选择最优方案时，开始最好是按照一个准则来进行，使第二个准则不变。如果教学过程的方案同时按照两个准则来看是较好的，那就可以说，这个方案的优化水平更高。

让我们对学校实验工作过程的两种教学方案作比较。

可能的方案是多种多样的(见下表)：

可能的方案	效 果 指 标	时间用量
Ⅰ	达到该班现阶段可能取得的最大效果	多于规定量
Ⅱ	同 上	符合规定量
Ⅲ	同 上	少于规定量
Ⅳ	低于该班现阶段可能取得的最大效果	多于规定量
Ⅴ	同 上	符合规定量
Ⅵ	同 上	少于规定量

第一种方案从时间用量来看不是优化的，第四、五、六种方案从效果来看不是优化的。因此，只有第三种或第二种方案才可能是最优的方案。如果由教师来比较这两种方案，他们倾向于第三种方案，因为，这符合以较少时间取得同样效果的目的。

我们在上面已经指出，最优化的准则可以变化，可以根据学生和教师可能性的变化而扩大。将来，教师一定可以学会同时按**教学教育过程的参加者以必需的最少精力的准则**来使教学最优化。现在，我们已经在某种程度上运用了这一准则，这就是要选择课堂教学中师生活动可能达到的最优紧张度，以便他们在整个工作日里合理地使用力量，避免在第一堂课就用尽力气，后几堂课却萎靡不振。我们没有更广泛地运用这一准则，因为我们还缺乏可靠的测量方法，借以测量学生和教师在教学中所耗精力。但是，我们会很快找到这种可行的测量方法，那时就有实际可能把这个准则不仅运用于科学研究，而且运用于实际工作。最优化原则的先进性恰恰在于它不断地推动学校改进工作，又不容许对学生和教师提出过分的、不切实际的要求。

教学最优化，要求教师备每一节课都应依据教学规律和教学原则，创造性地选择研究新课题的最好方案，在组织课堂教学时，不应千篇一律，公式化，一成不变，不可夸大个别方法和形式的作用，不要平均使用所有的方法和形式，而应当找出该情况下各种方法和形式的最好结合方案。选择教学过程的最优方案，就是选出最适当的任务、内容、方法、手段、形式(即教学过程的所有基本要素)，以及适当的速度，并且保证良好的教学条件。由此可见，问题不在于个别的最优化方法，而在于实施最优化的整个方法体系。这个体系从总体来看包括了整个教学过程。最优化的方法体系是教学论中的一个新概念。明确这个体系是一种新事物，这很重要，因为，能够获得教学最优化效果的个别工作方法，多数是人们，特别是有经验的教师所熟悉的。但是，这些个别的方法，一般地说，对教学效果的作用是很微弱的。当教师掌握组织教学过程的整个最优方法体系时，他就能按教学计划和学校章程所规定的时间内，获得较大的效果。顺便指出，我们有时谈到最优化的方法，有时又谈到教学过程最优化的技能，这是指教师掌握一定的最优化方法，或者它的各个阶段。

教学最优化，要求教授(教师的活动)最优化和学习(学生的活动)最优化统一起来。但是，出于方法论的考虑和便于阐明其本质，我们先按照教师开展教学工作的顺序，研究教授最优化的方法。

教授最优化的第一个方法是综合规划和具体确定学生的教养、教育和发展任务。根据上述规律和原则可以知道，如果很好地考虑整体任务，而不是其个别任务，那么，教学活动就能进行得更迅速，更顺利。如果，譬如说，教师仅仅考虑课堂的教养任务，而听任教育和发展任务自流，那么，课堂教学的效率必然是低的。综合确定任务，就可以同时完成这些任务，无须另加时间。这里出现了相互帮助和干预的有趣现象。例如，如果在课堂教学时间里，提出了进一步培养对所研究现象作比较的能力，那么，这将直接有助于完成基本的教养任务，而且也有助于更好地掌握课的主要教育思想。其他教学教育任务的相互联系也与此类似。所以，综合规划和完成任务可以作为教学最优化的一种方法。

最优地组织教学要求课堂教学任务具体化，这应以研究该班学生的特点和进行教学的条件为基础。这样，教育影响就会引起巨大反应，促使学生积极努力地完成所提出的任务。必须指出，在实施教学最优化时，我们应当尽量照顾学生的特点，但并不是像“自由”教育理论支持者所要求的那样，盲目迁就他们。最优化要求：教育影响必须以学生的积极性和可能性为基础，把他们的发展提到一个新的、更高的水平。具体确定教学任务时，必须突出最重要、最基本的任务。在授课计划中，把教学、教育和发展性质的各种可能任务“汇集一起”并不困难。但最优化的本质却在于从大量可能的任务中，选出该场合下应当特别努力完成的任务。

教授最优化的第二个方法是使教学内容符合于教学任务，突出教学内容中主要的、本质的东西。最优化的这一方法的方法论原理，就是必须突出一切活动的主要环节。在教学实践中，遗憾得很，还有许多教师不能按要求做到突出课的主要思想，没有把学生的注意力集中到主要思想上，却在次要的例子如事实上过多占用时间。教学论有责任帮助教师克服当前教学的这个“致命弱点”。如果我们不能把注意力坚决集中到主要的东西上，不管采用什么样的教学大纲和教科书，都不可能防止学生负担过重的现象。这一点，每个教师都必须牢牢记住。

在设计教学内容时，非常重要的是，不仅要像以往那样注意传授某些科学知识，而且要注意学生更广泛的活动内容：掌握新材料的主要内容：掌握有关的技能(不仅包括专业方面的，而且包括一般学习和合理化方面的技能)；自我管理；自我检查；互相交往等等。

人们往往不能恰当地考虑目的、任务和各种必要活动之间的相互联系。许多教师只是把材料划分为几个部分，指定一些考查作业等等，却很少考虑学生为达到规定的目的所进行的活动。因而，许多事情只能受偶然性支配，故收效甚微。

教授最优化的第三个方法是选择最适当的课堂教学结构：即提问、学习新教材、练习、巩固、家庭作业、小结等的顺序。在学校实践中，这个方法的运用与有益的实际经验有关。这个方法是从保证教学具有最优的系统性和连贯性原则引申出来的。

教授最优化的第四个方法是教师自觉地为完成一定教学教育任务选择最合理的教学方法和手段。这个最优化方法是从相应的教学原则，即选择教学方法的最优结合方案原则引申出来的。为此，教师必须了解各种教学方法(口述法、直观法、实践法、复现法和探索法、独立工作法、激励学生积极性的方法，检查和自我检查的方法)的作用。

口头上说最优化方法很重要，这并不困难。重要的是使教师有实际可能把这个方法运用于实践。我们认为，现在已经具备了这种实际可能性。近年来，出版了一系列著作，这些著作对各种教学方法在完成课堂教学任务方面的效率作了比较性评价。最优地选择了方法后，如果在课堂教学进程中有必要的话，在运用时还必须及时校正。教师按照实际情况来运用教学方法的这种自觉的灵活性是值得提倡的。应当指出，上面所说的一切也适用于选择教学手段：教学参考书、教学技术手段等。应当从许许多多教学手段中，选出那些足以加速有关课题学习的特别有价值的手段。

教授最优化的第五个方法是对学生采取区别对待和个别对待的办法，把全班的、小组的和个别的教学形式最优地结合起来，这个方法的重要性，许多教师早已明确。这个方法旨在履行相应教学原则的要求。区别对待的必要性，在于学生在素质，记忆类型、感知周围事物的特点、主要的思维品质、以前的学习经验等方面具有差异性。诚然，在运用时会遇到一系列的困难。首先遇到的一个复杂问题是找出根据，以便把班内学生分成几个小组。大家知道，外国的某些学校，在教学伊始，就根据智力测验的结果把学生分为 A、B、

C三组。这种智力测验，按照其发明人的意见，能够判明学生的能力。上述的每一个组按照较复杂的，较不复杂的和简化的大纲进行教学。这样一来，从入学时起，有一部分学生就注定不可能得到完全的教育，而教师也不必努力帮助他们掌握升大学所必须具备的知识。这种区别教学的办法是我们所不能接受的。我们认为，重要的是使所有体质健康的学生都能按照统一的而不是简化的大纲接受中等教育，如果愿意，就可以继续升学。

在我们的国家里，必须采取根本不同的办法来进行区别教学。按照我们的观点来看，区别教学的基本原则不应当是一味简化教养内容(对一些人教较简单的内容，对另一些人教较复杂的内容)，而是对学生进行有区别的帮助：某些学生需要更多的帮助，另一些学生需要一般的帮助，第三种学生只需很少的帮助。需大力帮助的小组不应当是固定的。随着儿童潜力的发展，他们需要的帮助就减少。这种区别教学形式，当然不排除这样的可能性，即学生还不适应教师的帮助形式时，便暂时降低作业的复杂程度。以后，帮助的分量应当逐步减少，以便培养学生学习的独立性。在教学过程中，也必须采取区别对待的办法来教育优等生，他们需要教师就发展能力方面提出建议，需要布置个别作业等等。给他们安排选修课，组织学生协会等，也是有益的。

近年来，教学专家还经常谈到学习活动的集体组织形式。必须指出，如果说全班形式、小组形式和个别形式是根据在教师指导下的学生人数来区分的话，那么，集体形式所反映的乃是在小组活动形式和全班活动形式下学生相互作用的性质。集体形式必在教学过程中对培养集体主义品质产生积极影响。通过集体形式组织小组活动和全班活动，学生共同拟定活动的目的，选择达到目的的方法，在活动中进行相互帮助，并且集体分析活动的结果。我们应当寻找扩大这种学习活动形式的可能条件。

教授最优化的第六种方法是为教学创造良好的教学物质条件、学校卫生条件、道德心理条件和美化条件。这个方法来自有效教学的相应规律和原则。前面已充分阐述了这些规律和原则的实质。

教授最优化的第七个方法，我们认为是采取专门措施来节省教师和学生的时间，选择最优的教学速度。当然，在教学过程中运用上列各种最优化方法本身，就是节省时间的最重要手段。明确提出教学任务，把这些任务具体化，突出主要的教学内容，在选择教学方法、手段和组织形式时采取区别对待的办法，这一切都会提高课堂的教学作用，教师可避免多花时间和精力。但是，也不能忘记科学地组织教育劳动本身就提供了许多节省时间的专门方法：适当装备专用教室，使用管理仪器的自动化手段，合理地收集教学参考材料，以及有科学根据地规划学校中的劳动。

教授最优化的第八个方法是按照最优化准则分析教学效果和师生的时间用量。这种分析在于判明通过教学过程所获得的最终效果(即教养水平、教育水平和发展水平的提高)是否符合于学生的实际能力，以及师生的时间规定量。

正如上面所指出的，教学过程的双边性决定了教授最优化方法与学习最优化方法有不可分割的联系。因此，如果没有学生活动的特定自我组织，教学最优化是不可思议的。其中包括：在教师指导下，学生应当认清向他们提出的整个基本任务，把这些任务作为行动的指南，不断地集中注意力于课题的主要问题上，设法找出完成学习任务的最合理方案，通过及时的自我检查，力求逐步调整自己的活动，扬长避短，在保证学习活动高质量的前提下，合理使用时间并设法加快学习活动速度，对工作效果和时间用量作自我分析。在教师的妥善指导下，学生自己按上面所说的那样来组织学习活动，才符合学习最优化的准则。只有把教授最优化同学习最优化有机融合起来，才能保证整个教学过程的最优化。这个体系，可以用这种概括的形式来表示(见附表3)。

上面所提出的这一套最优化方法是相对全面的和完整的。当然，这并不排除把各个最优化方法再细分的可能性。每一个最优化方法，只有顺利地实现前面的最优化方法后才能实现。所有这些方法作为一个整体，构成了在实践中运用最优化原则的程序。

为揭示最优化活动所具有的特点(这是指与一般教学规划相比而言)，让我们考察一下考虑和不考虑最优化原则的教学规划过程(见下页表)。

由此可见，不管是第一种情况，还是第二种情况，都规划了课堂教学的任务、内容、方法、手段、形式、教学速度、家庭作业分量等。采取第二种办法，则所有做法都贯穿了选择最优方案原则，自觉地探索最好的方案。通过对这两种行动方法的比较，每个教师都可看清，哪些最优化方法是自己过去已经掌握的，哪些是当前应设法掌握的，哪些方面是在最近的将来仍须努力的，以使整个教学教育过程最优化。非常重要的是要明确，我们不是作个别的改进，而是要

	过　程　I	过　程　II
	教师不考虑最优化原则而规划和组织教学过程	按照最优化原则规划和组织教学
1	2	3
1	基本上只规划教养任务	综合规划教养、共产主义教育、学生的智力、意志和情感发展的任务
1a	规划任务而没有适当地考虑具体班级的特点	考虑该班特点来具体确定教学任务
2	规划教学内容时，未能有目的地突出主要的、本质的东西	明确突出教学内容中主要的、本质的东西
3	公式化地选择课堂教学基本阶段的顺序(提问、讲解、练习等)	自觉地选择提问、学习新教材、练习等的顺序
4	按照教师已经形成的刻板公式来使用教学方法和手段，没有对选择作科学论证	选择该条件下教学方法、手段的最好结合方案。在教学进程中对教学方法作必要的校正
5	公式化地选择教学形式。没有以区别对待的办法来教育差生和优生	有根据地选择教学形式。以区别对待的办法来教育差生和优生
6	课堂教学速度、分配课堂教学阶段的时间公式化。确定家庭作业分量时，不考虑所规定的时数，没有同其他教师协调	有根据地选择教学速度。确定家庭作业分量时，考虑到现行的标准时数。同其他教师协调家庭作业量
7	教学只限于适应现有条件	尽可能改善教学条件
8	基本上只有分析教养方面的教学效果，没有考虑学生的时间用量	同时分析教养、教育和发展方面的教学效果。考虑学生用于家庭作业的合理时间

完整地掌握整个措施体系*，才能保证选出最优的教学方案。

H. B. 库兹米娜教授研究了从事教育劳动的优秀教师的工作特点，并与其他多数教师的工作相比，获得了最优化组织教学过程的效率的有益资料。必须指出，H. B. 库兹米娜在进行研究时，并没有专门提出教学最优化的方法。但是第一，她发现优秀教师不仅明确要上的那堂课的目的，而且深切了解整个课题和整个学科的任务。他们懂得应当努力追求的最终效果，并且知道不解决哪些中间任务，就不可能获得那种效果。优秀教师的第二个显著的特点是善于明确突出所教课题的最主要的东西，善于在课堂教学的所有阶段，把全体学生的注意力集中到最主要的内容上。他们决不脱离教学的总内容而陷入局部。第三，H. B. 库兹米娜发现，优秀教师的工作还有一个非常重要的特点，与其他解答许多习题的教师相比，他们同学生一起做的练习少 2/3，解题也少 2/3，但却取得更大的教学效果。奥秘不仅在于他们能千方百计抓住解每道题的一切可能方法，而且能从必需的最少量习题中编出一套综合性的习题，以使学生能够掌握解题的某些典型方法。第四，在研究过程中发现，优秀教师善于组织学生进行独立工作，坚持不断地指导他们合理地学习。

所有这些材料令人信服地说明，优秀教师善于掌握教学最优化的基本方法。

---

*措施体系（система мер）就是由上述八个方法所构成的方法体系（система способов），在巴班斯基教学教育过程最优化的理论中，这两个概念是同义的。——译注

最优化原则也适用于准备和进行有关学科的课外活动和选修课。例如，在组织历史晚会时，最好要拟定综合的教养教育任务(不是仅仅拟定晚会的程序)，要考虑学生的愿望和需要，把注意力集中在主要的问题上，选择最合理的进行方法，合理地分配全体参加人员在准备晚会方面的职责，并善于分析该措施的教养、教育和发展方面的作用。在准备课外活动时，要特别注意依靠学生集体、学生的社会组织、少先队大队委员会、共青团委员会和学生委员会等。

最优化原则不仅适用于准备和进行课外活动课，而且适用于校长和副校长对教学过程的管理。

要最优地组织学校教学过程的管理，必须做到：

——学校应制订简明的、远景性的五年计划，把反映整个学校发展和完善的最重要方针的各项任务纳入该计划内；

——作全校教学过程规划时，必须预先分析前一年的总结，提出主要任务，有针对性地克服校务会议集体讨论过程中发现的典型缺点；

——在教育集体中建立良好的道德心理气氛，以便教师开展创造性活动；

——保证教学具有必要的教学物质基础，采用专用教室制度来组织学校中的教学工作；

——遵守学校规定的教室卫生标准，遵守照明、通风、保温等制度；

——编好教师教学联合小组，并制定各小组的工作计划，制定计划不仅要考虑共同的任务，而且要考虑具体成员的特点；

——为提高个人技巧和克服掌握教学教育过程最优化方

法中的困难，应组织教师自学社会政治、心理学和教育学以及教学法等文献，组织教师参加教师进修学院或者区教学法研究室举办的讲习班，为定期听课，促进积极学习创造条件；

——编排学校课程表要考虑心理学和教育学的要求(均衡地分配一周内的功课，照顾日终和周末的疲劳，消灭“空堂”等)；

——根据教师的个人特点和工作经验，以及改进教学教育工作某些方面的必要性，采取课题进度教学计划和课时授课计划的合理形式；

——应预先检查授课计划的质量，检查教师论证授课计划最优化的能力，按照教学教育过程最优化的要求，分析听课情况；

——按照对相应年龄段规定的家庭作业量，协调该班各学科家庭作业的分量；

——防止以各种非教学教育性质的任务来加重教师的负担；

——在学校中宣传和推广最优组织教学教育过程的先进经验(实行有经验的教师辅导新教师的办法，组织教学方法经验交流会，举行观摩教学等)。

我们要提请大家注意，上面所列的各项工作，固然是校长和分管教学的副校长的例行职责，但是，我们主要的注意力应当集中于加强教师工作。要了解和研究他们工作中的长处和短处，并根据研究结果，最优地组织各种形式的教学法。因此，必须了解教师在实施教学最优化方面的典型缺点，以及克服这些缺点的可能途径。

在克服这些缺点的过程中，必须特别注意了解教师在掌握教学教育过程最优化方法方面的典型困难，并帮助他们克服这些困难。

教师如果没有复习教育学的基本知识，就开始学习最优化的方法，他们一定会感到非常困难，没有教育学的知识，根本无法选择最优的方案，因为教师还缺乏有关教学方法、手段、形式的一些概念。他们会感到好像在建筑一座没有基础的大厦，并且会抱怨这座大厦不牢固。实际上，如果在这个班级这个课题最好用问题法进行教学，而教师却不善于进行探讨问题式的谈话或讲述，那么，怎能实现最优的教学方案呢？在另一种情况下，应当合理地运用程序化的检查，而教师却根本没有运用这种方法的经验。在第三种情况下，应当使用编码显示器，而教师却不会制造编码底片等等，这样，还有什么最优化可谈呢？这里，教学仍然像从前那样，停留在教师有限的、狭隘的技能上，而不能提高到今天教学方法多样化的水平。要知道，只有用上所有色彩的颜料而不是仅用一种，并把各种色彩颜料调和好，才能画出最美的、反映现实世界的图画。正因如此，某些教师在掌握最优化方法的初期有暂时负担过重的现象，他们对此产生了不正确看法。他们以为暂时负担过重的原因在于最优化的程序本身，而看不到自己在理论上和教学法素养方面有缺陷，其实，在这种情况下，问题恰恰在于这些缺陷，这就要求教师应设法补偏救弊。

可见，只有在掌握基本教育学知识和技能的基础上才有可能实现教学过程最优化。

在教师的实际工作中，还可以看到对这一点理解不够的情况，即最优化的实质不在于采用这种或那种新的教学方法、方式和形式，而在于能够在教学过程中合理地运用这些方法、方式和形式。有些教师说："我已经较多运用全班提问法。这是最优化吗?""我已采取措施完成实验任务。这是最优化吗?"如此等等。当然，采取新的工作形式和方法，可能促进教学最优化，但是，如果不能自觉地、有根据地选出对现有条件来说是最优的教学方案，那么，暂时还谈不上最优化。这时，教师只具备了最优化的前提，尚未到达其核心——探索、选择和采取最好的教学决策。

探索、比较各种方案的可能性，采取最好的教学决策，这就是教学最优化的根本所在，每一个教师都应当很好地掌握这一点。

在掌握教学最优化方面的另一个主要缺点，在于教师力图掌握的仅仅是某些方法，而不是整个方法体系，因而，在没有达到预期的效果时就感到灰心失望，无所适从。例如，许多教师和班主任兴致勃勃地进行教育会话，讨论班级学生的鉴定。但是，他们一填好鉴定表，工作就随之结束。当然，讨论鉴定可以加深教师对学生的理解，使这种理解具体化，供日常工作参考。要知道，研究学生本身还不足以使教学过程最优化。下一步应考虑班级的特点，甚至个别学生的特点，具体确定课堂教学的任务，选择最适合于该班级的授课计划。如果把最优化的功夫，仅限于形式主义地给学生作鉴定，那就得不到最优的效果。所以，只有采取完整的一套方法——研究学生，具体确定教学任务，选择最好的教学方法，才能保证教学最优化。支离破碎地运用个别最优化方法，不可能取得预期的效果。

教师和学校领导人在最优化的实际工作中存在一个严重缺点，这就是他们不善于同时按照两个准则——效果和时间用量使过程最优化。为了更好地完成教学教育任务，有的教师，采取多种多样的教学方法，布置多种多样的家庭作业，提高对家庭作业总结的要求，结果造成学生负担过重。教师本身也是如此，由于没有利用教学法参考材料和先进教师经验等原因，有时把太多时间用于选择最优方案上。有许多教师不参照时间的现行规定量，不对学生用于家庭作业的时间作出研究分析。

应当记住，**只有同时做到提高教学效果又合理使用师生的时间，才能达到教学最优化。**

最优化实践中的另一个缺点是某些教师急于求成。一旦发生困难，遇到障碍，有些学校的教师就降低了实施教学最优化的积极性，他们忘记了**教学效果的增长速度要取决于以前的工作经验，取决于教师和学生的活动方式：**起点条件良好，收效就快，起点条件不好，收效自然慢。因此，不管遇到多少困难，都不应当降低工作积极性，而应当顽强地继续努力来实施最优化，这样，就必然会提高教学效率和教学质量，并且节省学生和教师的时间和精力。

必须改造固定的活动方式，这使某些教师感到为难。过去通常是执行一种指示：运用直观教学，采用教学技术手段，实行程序教学，进行问题教学等等。突然出现这种情况，教师应当表现出自己的主动性，创造性，自己选择各种教学方法的最好配合方案，在必要时还要证明这种选择的合理性。这时，有些个别教师抱怨说："以前事情很简单：提出任务（建立专用教室，或者采用穿孔卡片，进行全班提问等等)，完成这些任务便一切就绪”。而现在，还要提供选择的根据，有时还要同领导人争论。的确，创造性探索会使活动积极化，不呆板，因而比较活跃。这只是表面上的困难。创造性探索的主要作用，是可以使教师摆脱教学法“框框”的束缚，使教师的工作充满快乐，得到深刻的内心满足，从而发掘出新的潜力。教学法专家和视导员的检查也一改旧观，许多刻板的和没有根据的苛求被抛到九霄云外，这是因为流行的教学方式绝不是到处均可套用的。**由于最优化的实施，代替形式逻辑思维的将是教师、教学法专家和视导员的辩证思维。**最优化所具有的重大世界观意义就在于此。

了解上述缺点和困难后，有经验的学校领导人在采取整套措施来推广教学过程最优化时，就会考虑到这些问题。

校长和分管教学教育工作的副校长应当领导“教学最优化措施体系”的推广工作，因为，只有他们才能确定工作的中心环节，并动员集体力量来解决关键问题。为此，首先应通过自学，研究必要的文献资料，来保证学校领导人掌握好“措施体系”的实质。只有这样，他们才能避免走形式，能自觉地、切实地领导这一推广工作。

推广“措施体系”的一切措施，都必须列入学校和可能参加这一工作的各个部门(教务委员会、生产会议、教学联合小组、共青团委员会、少先队大队委员会、学生委员会、家长委员会等)的工作计划，作为其中的一个有机组成部分。企图超越基本的工作计划来推广“措施体系”，或者按照某种特殊的计划来推广“措施体系”，一般说来是不会成功的。应把这种措施体系有机地列入学校集体的总活动系统中。必须考虑到学校集体的实际可能，为推广教学教育过程最优化“措施体系”，规定若干具体阶段。

如果在运用科学于实践方面缺乏应有的经验，则在头半年内，可以只一般地介绍有关教学最优化的书籍，把这列入教师的进修计划，举办书籍和论文展览，张贴图书资料目录等等。后半年可以开始推广选择最优课堂教学结构的方法，综合设计课堂教学任务的方法，和借助教学会诊研究学生的方法。在教师进修过程中，可以向他们建议做专门操作练习，试选二三节课的任务。在新学年内，在继续完善已得知识和技能的同时，可以侧重锻炼如何突出主要的、本质的内容，以及如何防止学生家庭作业负担过重。最后，在第三学年，应当锻炼如何选择最优的教学方法、形式和手段，并考虑对不同学业水平的各组学生进行区别施教。最后一步就可以完整地施行和深化教学教育过程最优化的整个工作体系。

不能按照公式化的程序，而应根据具体教育集体和个别教师的特点来提高教师在教学过程最优化方面的业务水平。因此，可以向校长和教导主任建议，应同党和工会的积极分子一道，分析教师在实施教学教育过程最优化方面的修养程度，研究教师本身的需要。这样，教师的教学法学习和进修计划就能更好地考虑教学过程中所存在的矛盾，更符合于教师个人的需要。这种做法的可贵之处，就在于消除教学法学习工作中最薄弱的环节，调动教师的内在积极性，去掌握最优化方法的整个体系，而不是个别的方法。例如，如果在教师的学习和自我评价过程中，发现他们不善于综合规划教学的教养、教育和发展学生的任务，那么，在进修计划中，在教学联合小组的工作计划中，就应强调这一点。如果教师掌握了这些技能，但在规划课堂教学任务时还不善于考虑具体班级的特点，那么，就应当特别强调，教师应学会研究学生的实际学习能力的技能。有的学校也可能出现这样的情况：教师能很好地规划课堂教学的任务，但在选择教学方法方面感到有困难。这时，教学法学习就应当集中于研究各种教学方法的效率比较和选择各种教学方法的最好结合方案的方法。

学校必须采取专门的措施来培养教师，使他们具有掌握最优化工作方法的愿望和需要。正如做一切新的工作一样，这项工作也需要多花一些时间，需要改变活动模式，这会使一部分教师产生怀疑心理。对于这种怀疑心理，应当有预见，有耐心，持克制态度，不能施加行政压力和提出过高要求。这里，首先应当培养教师对这个问题的兴趣，使教师相信，在掌握这一新鲜事物过程中遇到困难，多花一些时间，以后一定会得到补偿的。就是说，以后在完成复杂的教学教育任务方面，一切活动都会轻松愉快，不必补课重讲、作课外提问、进行暑期辅导，也不会同学生和家长闹冲突等等。这是因为教师在多数情况下，都会考虑该班学生的特点，找出教学过程最有成效的方案，然而，仅仅一些言论和诺言，还不能使教师深信不疑。在这种情况下，最有说服力的是宣传已经采用最优化方法的那些教师的先进经验。例如，阅读一下发表于《国民教育》杂志(1979 年第 2、4、6、9 期，1980 年第 3 和 11 期）“对学校领导人的函授讲座”专栏中的文章，在这方面可能有所帮助，因为这里介绍了莫斯科许多学校的工作经验。

正如基辅第五十一学校、阿克秋宾斯克第十七学校的经验所指出的，有些教师比其他人先走一步，更积极地对待最优化思想，更早采用最优化的一些方法。这些教师在教学联合小组会议上和生产会议上的发言是非常有作用的。有些教师开始时抱着非常怀疑的态度来对待这个问题，后来才看清楚解决这个问题对自己的工作起了很好的作用，从这些教师的经验中举出一些范例特别有益。例如，有一个女教师在教师会议上说，起先她不相信进行教育会诊是恰当的，怕花过多时间。但是，在教育会诊会上，从同事那里听到许多有益的想法、观察和对学生的意见，她就深信，会诊会是教育人们深入洞察每一个学生个性的非常有益的学校，是交流个别施教经验的学校。这个女教师关于自己的思虑、疑惑和思想斗争的讲述，使她的许多同事深信组织班级会诊的必要性。

要把对工作的初步兴趣变成稳定的需要，必须努力宣传这样一些事实：掌握最优化的方法，可以使学生平时深感困难的课题变得通俗易懂，提高课堂教学计划的质量，可以消除学生家庭作业负担过重的现象，如此等等。这类例子，如果是取自本校教师的经验，那就更有说服力，作用也就更大。

根据最优化的要求来进行课堂教学，并对教学情况作出分析，可以大大促进最优化的推广。下面，用莫斯科第一百九十学校十年级二班教师 A. M. 莫伊谢耶夫在教学联合小组会议上发言作为例子，请看他是如何论证《社会学》一次课堂教学过程的最优化。

评价班级的特点

该班学生水平比较均衡，大多数学生的《社会学》成绩有达到“良”的实际可能性。多数学生对《社会学》的兴趣较高。该班在课堂上的学习速度高于中等水平。课堂上的道德心理气氛是良好的，有利于开展教学活动，包括有利于进行讨论，提出学习问题，但还不是所有学生都充分掌握论证和辩论的技巧。

评价课题的特点

该课题不久前才列入社会学课程教学大纲，目前，在教学法书籍中尚不多见。该堂课要教完具有重大教养教育意义的课题：《社会主义和共产主义是统一的共产主义社会形态的两个阶段》。在这堂课上，必须特别注意概括以前已经获得的知识。

课的教学教育任务

1. 引导学生理解苏联社会主义生活方式的实质和基本特征，以及它与资产阶级生活方式相比的根本优越性。

2. 促进学生形成共产主义世界观，把社会主义生活方式历来比资产阶级生活方式优越的思想灌输到学生的意识里。

3. 促进学生形成下列智能：从所学材料中选出主要内容的能力(通过做预习作业，和课堂上进行全班谈话)；比较和对比的能力(比较两种生活方式——社会主义的生活方式和资产阶级的生活方式)；概括的能力(作出苏联生活方式优越的结论等)。

选择课堂教学结构

由于在前几堂课里对《劳动人民的共产主义教育》这个小题目已经作了深入和全面的探讨，所以，这节课可以不另安排时间检查学生的知识。检查家庭完成预习作业的情况同学习新教材有机地结合起来。因此，根据所选择的教学教育任务，课堂教学的总结构作如下安排：

1. 引导性谈话(4 分钟)。

2. 生活方式及其阶级性。生活方式问题在当代意识形态斗争中的意义(9 分钟)。

3. 苏联生活方式表现的基本领域(5 分钟)。

4. 苏联生活方式的基本特征和它与资产阶级生活方式相比的根本优越性(20 分钟)。

5. 进一步完善苏联生活方式的任务和途径(4 分钟)。

6. 总结，布置家庭作业(3 分钟)。

选择主要的教学方法

这节课主要的方法是在实际完成准备性作业基础上进行探讨问题式的谈话，讲解学生认为较复杂的问题。准备性作业之所以必要，一是由于课题有这样的特点，可以广泛地依据党和政府的文件材料和群众性的宣传资料；二是班级有这样的特点，对探讨问题式的谈话已训练有素，对讨论比较重视。这个教材要是单纯由教师来讲述，从课堂教学必须完成的教育任务和发展学生个性的任务这个角度来看，效果肯定较差。至于学生感到复杂的那些问题，必须由教师讲解。

向学生布置的准备性作业：1. 苏共第二十五次代表大会论苏联的生活方式(参阅《苏共第二十五次代表大会材料汇编》，莫斯科1976年版，第87页)。2. 苏联宪法中关于苏联生活方式特征的反映(参阅《苏联宪法》)。3. 就“两个世界，两种生活方式”问题收集实际材料(根据群众性宣传工具的材料)。

选择课堂教学的任务、结构和准备性作业，应当保证学生既能开展活动又不负担过重。

课的内容和进程

课开始时，教师扼要地告诉全班本课的题目和基本任务，以及课堂活动程序。

1. 引导性谈话(对全班进行探讨问题性的谈话，促进全班思维积极化)。学生已经具有足够的基础知识以回答问题，其中包括视觉形象——“各种社会经济形态”示意图。这是在上第十二节课时，根据《马克思列宁主义论社会经济形态的发展和更替》这一课题而做在练习本上的。

向学生提出，根据对示意图的分析，回答下列问题：“个人和社会有什么样的相互联系？个人在社会经济形态体系中起什么样的作用？”通过谈话，学生必须得出结论：(1)个人依存于现有的社会关系体制，首先是依存于生产关系，这种关系，正如从示意图中所看到的，决定了其他的所有关系；(2)同时，个人可以采取积极的生活态度，可对社会生活发生影响。接着，教师可要求学生阐明他们如何理解马克思所作的关于人的本质的定义。

教师在概括学生的答案时，引导学生作出结论：不是一切社会关系，而是他直接处身于其中的那些社会关系才形成人(或阶级)。这些结论可以直接引出“生活方式”这个概念的定义。

2. 生活方式及其阶级性。生活方式问题在当代意识形态斗争中的意义(继续开展全班性活动，这时，教师把讲解和谈话结合起来，因为个别问题对学生来说是复杂的)。利用引导性谈话所作出的结论，教师指出“生活方式”这个概念可以最概括地说明个人与社会的联系，并且引出这个概念的定义。为了加深和巩固对这一概念的认识，教师提出问题：“人的生活方式依存于什么?”在谈话过程中阐明，生活方式首先依存于社会，即依存于生产方式，也就是说依存于在社会中占统治地位的生产关系。另一方面，学生们指出，生活方式也依存于人本身，依存于个人在社会中的地位，当然，这种地位的积极性程度也依存于社会类型。接着，教师对资产阶级的“生活质量”、“消费性社会”等理论作扼要的批判，最后指出它们所抱的片面的、反人道主义的目的。

3. 苏联生活方式表现的基本领域(由教师讲解，因为材料是资料性的)。依据“生活方式”概念的定义，教师指出生活方式表现的基本领域：劳动活动和生产活动领域、社会政治活动领域、家庭和日常生活领域等。然后，教师同学生一起作出结论，将来，对共产主义类型的人来说，典型的特点应当是生活方式在各个领域的和谐结合，即在劳动、社会工作、家庭生活、业余活动等方面协调一致。

4. 苏联生活方式的基本特征和它与资产阶级生活方式相比的根本优越性。教师充当探讨问题式谈话和讨论的组织者，因为学生已经具有这个问题的知识，应当把它们系统化，概括化。通过谈话，最好能突出苏联生活方式的这样一些最重要特征：(1)社会积极性；(2)集体主义和相互帮助；(3)作为一切财富的主要源泉的劳动的主导作用；(4)真正的民主；(5)社会乐观主义，对未来充满信心；(6)真正的人道主义；(7)苏维埃爱国主义；(8)国际主义，尊重所有民族的利益和权利，热爱和平；(9)健康的道德情操；(10)高度的活动性和灵活性，具有精益求精的抱负。接着，教师要求学生指出资产阶级生活方式的特点，用有关的事实说明那些特点的存在，然后，把两种生活方式加以对比。在总结时，学生作出结论：资产阶级生活方式的危机是资本主义日益加深的总危机的表现。关于苏联的生活方式根本优越于资产阶级的生活方式，这一总的结论由学生独立地作出。

5. 进一步完善苏联生活方式的任务和途径(教师讲解，谈话)。

教师指出，为建设共产主义而奋斗本身对生活方式提出了更高的要求。在谈话过程中，全班得出结论：为使苏联的生活方式得到发展，需要综合完善一系列的社会关系，但是，应当特别强调提高个人的自觉性和积极性。

6. 总结，布置家庭作业。

教师在课上做教学活动总结，进行评价，解释家庭作业。家庭作业由两个部分组成。全班必做的作业是：准备论据，以证明苏联的生活方式优越于资产阶级的生活方式；思考在发达的社会主义社会中，科学技术革命如何影响生活方式，根据我国社会和个人的要求，考虑如何评价自己的生活方式。选做作业是：阅读 B. Г. 斯莫里扬斯基的著作：《社会主义世界的价值观念》，并以《我家几代人生活方式的变化》为题进行力所能及的研究。

A. M. 莫伊谢耶夫对课堂教学计划的自我分析，具有以下特点：在分析中不是简单地罗列课堂教学的基本阶段、课的内容和采用的方法，而是连贯地说明，为什么在课上没有采用个别提问，为什么以探讨问题式的谈话作为学习新教材的主要方法，这时如何考虑课题的特点和学生的特点，在课的每个阶段上哪些问题是课题内容中最主要的、基本的问题，作业的范围和性质如何体现区别对待等等。这种具有创造性的自我分析，可以帮助教师学会论证选择该条件下最优的授课计划方案，循序渐进地掌握“教学教育过程最优化的基本知识”。

如果学校善于表彰教师所取得的初步成就，如果学校领导人在生产会议上和教务会议上谈到了这个问题，如果在教师墙报上发表了有关的文章等等，那么，教师就会更快地形成开展此项工作的需要。至于在掌握最优化方法方面的失败，不要立即公之于众，最好是通过个别谈话进行讨论。这里决不允许施加行政压力。较有经验的同志应当挺身而出，帮助遇到困难的教师。没有及时的帮助，没有同志式的关怀，某些教师可能对这项工作失去兴趣。诚然，帮助不应当只强调教师工作中有缺点，这会使人反感。帮助应有适度，尊重教师，考虑他的个人特点和需要，也要考虑学生队伍的学业水平。许多校长善于开展互帮活动，以便促进工龄较长的某些教师进修。这些教师，开始时对掌握教学最优化的工作方法持否定态度，后来却很乐意系统总结、领会和深入研究个人的工作经验，从而成为能够谨慎地照顾年轻胆小的教师，传授自己技巧的指导员。

推广最优化原则，就必须对此项工作的进展情况进行一定的检查。在这方面，特别重要的是进行事前的检查，即校长、副校长、教学联合小组组长同教师商谈，讨论他们所制定的下一堂课的授课计划。这时，要求教师对他们所拟定的课堂教学纲要作详细分析：论证该课授课计划是否最优化，说明如何选择课的基本任务，如何考虑班级的特点，该课内容中最重要的东西是什么，在讲解、巩固、提问时应当强调什么，选择什么样的教学方法、手段和形式，为什么这样选择，怎样区别对待差生和优生，以及考虑学生可接受的家庭作业量。同教师谈话，可以发现他们工作中最普遍的缺点和困难。为此，最好每年按下列提纲向教师作一、二次调查(见下页表)。

通过对教师的查询，便于找出教学过程最优化诸方法中的最大障碍，从而调动教师本身的力量和校内教学法研究系统的力量来克服这些困难。

在学年终结时，最好能举行全校性的教学经验交流会，听取关于推广“教学最优化措施体系”先进经验的报告，或者把类似于这类报告的其他更广泛的题目列入会议内容。不管怎样，都必须让教师以一定的方式总结已做过的工作，拟定新学年进一步完善这项工作的计划。

教师进修学院有责任大力帮助教师采用教学最优化的方法。在讲习班的大纲中最好列入“教学教育过程最优化的原

研究教师在实施教学教育过程

最优化方面的困难提纲

项目 顺序	活动方法	很困难	困难	几乎没有困难
1	2	3	4	5
1	综合规划课堂教学中的教养、教育和发展任务			
2	在规划课堂教学任务时考虑具体班级的特点			
3	选择最合理的课堂教学结构			
4	选择学习新材料的最合理速度			
5	突出主要的、本质的课堂教学内容			
6	选择课的内容、练习、作业以便完成下列任务： ——教养 ——教育 ——学生发展			
7	选择教学方法： ——独立工作法 ——问题探讨法 ——归纳法和演绎法 ——口述法、直观法和实践法 ——激励学生的方法 ——课堂检查的方法			
8	选择教学的技术手段和其他手段			
9	选择教学形式： ——全班形式 ——小组形式 ——个别形式			
10	区别对待： ——对差生的区别对待 ——对优生的区别对待			
11	选择家庭作业的适当分量和适当难度			

则及其实施的基本方法”这个题目。在实习时，最好能按照教师的专业展开讨论，从方法上论证一二堂课的最优授课计划。

有许多教师进修学院已在进行这项工作，而且很顺利。例如，莫斯科市教师进修学院，在开展教学最优化活动之前，先召集教学法研究室领导人举办研讨会。复制了试写学生鉴定、选择课堂教学任务和教学方法等所用图表。为了帮助教师，出版了有关教学教育过程最优化的教学参考材料。一年之后，又出版了教师在实施教学最优化方面的主要困难及其防止方法的通讯，以及其他有价值的教学参考资料。该院的几个教学法研究室，在讲习期间，建议教师拟定该科最复杂的一节授课计划，并论证这个计划的最优化，作为总结性作业。然后在班上集体讨论对这些计划所作的最有趣的论证。采用这样具体的办法来训练最优化工作方法，比开一系列的讲座更能吸引教师。同时，教学法专家也指出，参加讲习班之后，教师更爱听这样的大课，并独立进行这种问题的研究。

哈尔科夫省教师进修学院在开始推广最优化工作方法时，先举办国民教育积极分子研讨会，在听取有关这个问题的一般讲演之后，组织了教育会诊的示范表演——某校教师为了确定在教学教育过程中妥善教育学生的措施而讨论某些学生的鉴定。

教师在掌握教学教育过程最优化方面会遇到一些困难，上面列举克服这种困难的方法并非详尽无遗。许多学校的先进工作经验表明，还有一些新办法可提高推广工作的效率，更好地把最优化方法贯彻到教师的工作中去。诚然，应当再一次提醒大家，在解决这一复杂而重要问题时，过分仓促是有害的。只有系统地、坚定地、细致地开展工作，才能保证广泛地运用苏联教学论的这一重要原则。

第三章 综合规划和具体确定课堂教学任务

众所周知，任何活动，关键都在善于设计它的目的和任务。K.马克思当时就已指出，自觉的目的是作为规律决定着人的活动方式和方法的[①]。

综合规划学生的教养、教育和发展任务(目的)是从第一个教学原则引申出来的，它是教学过程最优化的最重要方法，因为有了综合规划，就可以在同一时间里，不只完成一个，而是完成若干个教学教育任务。然而，分析教师的实际工作表明，还有许多教师难以将教养、教育和发展任务统一起来，这是该堂课必须而且可以完成的。迄今为止，许多学科的教学法课程，还没有对每堂课的主要任务作出专门的说明，规划任务自然就落在教师身上，这也增加了困难。将来，有关学科教学法的作者们，当然会在这个方面尽力帮助教师。但是，只要这些参考书还要按照教学最优化原则加以修订，教师就应当坚持不懈地掌握综合设计每一堂课任务的教学法技能。为此，在进修过程中，必须很好地理解教学过程中教养任务、教育任务和学生心理发展任务的大致范围，以便在备课时仔细考虑这些任务，但不一定要写出来。我们

① 《马克思恩格斯全集》，第23卷，第202页，人民出版社，1972年。

建议，只对某些特别重要的专题按照操作程序，可在授课计划中写出教学任务。

教养的基本任务(目的)，可狭义地理解为，形成理论知识和该学科所特有的专业技能技巧。要形成理论知识，就必须在课上学习一定的理论、规律、基本概念、科学事实。例如，在历史课上，可以学习列宁的革命理论、资本主义不平衡发展的规律，“阶级”、“阶级斗争”的概念等等。在化学课上，可以学习电离作用的理论，门捷列夫定律，“分子”、“原子”、“化学键”的概念等等。在物理课上，可以学习分子动力学理论、电子理论、牛顿定律、焦耳—楞次定律、欧姆定律、麦克斯韦定律，电流强度、电压、电阻、质量、力、加速度的概念等等。

形成学科的专业技能技巧，正如形成理论知识一样，都是出自教学大纲的要求。例如学习地理课程，学生必须学会利用各种地图、示意图、图表，学会使用指南针。在数学课上，学生必须掌握使用计算尺的技能，学会解答一定类型习题、制造数学模型等等。在物理课上，必须获得使用测量工具(卡尺、千分尺)、测电仪表(安培计、伏特计、瓦特计等)的技巧。

在考虑课的教养任务时，教师必须熟悉教学大纲的要求，熟悉教科书中该专题的内容，熟悉教学法课程，并选出该堂课实际可能解决的最重要的任务。现在，供中学用的新的标准教学大纲，在规划教养任务方面对教师有很大帮助，因为，在这种教学大纲中，规定了学生在学习有关专题过程中“应当学会什么知识”和“应当掌握什么技能”的专门章节。在这些章节里，实际上列出了教学大纲中特别重要的教养任务。

以整体的观点来考虑教学过程的教育任务(目的)，教师就应设法掌握对学生进行共产主义教育的各个基本方面：培养他们的辩证唯物主义世界观，进行思想政治教育，劳动教育，道德教育，美育和体育。不言而喻，并非每个课题内容都能完成所有任务。教师必须仔细分析教科书中的教学内容和教学参考书中的建议，以便突出在讲授该专题时可能直接和顺利完成的那些教育任务。例如，某些专题能有效地表明量变到质变的过渡，对立的统一和斗争，否定之否定，宗教信条的荒谬等等。另一些专题特别明显带有思想政治教育任务：向学生介绍苏共的内外政策，马克思列宁主义经典作家的著作，介绍一些事实，以助于教育学生对资产阶级生活方式持不调和态度。第三种专题则开辟了广阔的领域以便向学生进行爱国主义和国际主义教育，培养他们可贵的道德品质等。

在规划教育和发展任务时，必须看到，其中的一系列任务，对各科来说，都是共同的。例如，关于世界的客观性，理论联系实践，认识过程的连续性等世界观观点的树立，培养自觉的学习纪律、组织性、学习责任感；准确性、学习毅力、文明的交往、练达的语言、读书和做笔记的技巧、学习活动的美感等。这些任务带有普遍性，只要记住在日常教学实践中予以解决，就不必次次专门写在授课计划中。同时，在开展班级工作的一定阶段上，也可能产生特殊的需要，例如，需要消除学生在使用课本方面的缺点，提高班级的纪律性等。在这种情况下，上述任务已成为该班特别迫切的任务，这就可以写在计划之中，作为该课或若干课的任务。

为了使教师完整地看到教学过程中发展学生的各种可能的任务，必须注意，在心理上，个性特点是智力、意志、情感、动机这四个基本方面相互作用的结果。所以，在规划教学的发展性作用时，不能不考虑发展学生的智力、意志、情感和动机(需要、兴趣等)的必要性。这里仍然要注意，学生个性的各个方面每堂课都在发展。但是，某一堂课的内容，可能很有效地促进发展分析和综合所学事实、概念的能力，或者促进发展比较和概括所学事实、概念的能力。这样的课可强化发展学生的思维和学习认知活动技巧。另一堂练习课的内容，可以对发展学习毅力和克服困难的能力起特别积极的作用。在这里安排专门发展学生意志力的任务是很合适的。在第三种课里，学习鲜明的、有艺术形象的教材，这种教材可能深刻地影响学生的情感，使他们体验到愉快、愤怒、同情、反感等。这样的题材可以在上课时提出特别重要的任务：发展学生的情绪体验。在第四种课里，由于揭示了该科对完成十分迫切的国民经济任务的意义，以及对满足学生的需要和发展学生的能力的价值，所以有利于培养其对该科的兴趣。可见，教师不能公式化地罗列所有可能的发展性任务，而是在详细地分析该题材的可能性后，才能在每种具体场合下，选出特别重要的，由该课题特点自然引申出来的发展学生的任务。

分析教师的实际工作表明，在计划课堂教学操作的过程中，他们感到特别困难的是规划教学过程中的发展任务。他们比较容易做到的是规划培养学生学习认知活动技巧的任务：使用书籍的技巧，利用工具书的技巧，编写作文和故事提纲、编写读书纲要和要点的技能，检查解题的正确性的技能，提高阅读和书写速度等等。必须指出，培养学习认知活动的技巧，在某些教学参考书中是列为课的教养任务，在另一些教学参考书中则列为发展任务。我们认为，这不是原则性的分歧，因为不可能在学生的教养和发展之间划出明显的界线。在某些文章里面，我们也把这些任务列为教养任务。但是，在大量实践的影响下，我们这里把它们列为教学过程中学生的发展任务，因为培养学习认知活动技巧同任何学科都有关系，而教师也认为它是发展学生的智力和思维活动的一个方面。

教师在规划培养学生的意志、情感、学习动机的任务方面，感到最困难。所以，在进修过程中教师必须特别注意加深心理学的知识。即使是学习由《知识》学会出版的通俗读物(如Н.Г.莫罗佐娃的《同教师谈谈认知兴趣》，В.И.谢里瓦诺夫的《意志及其培养》，П.М.雅科勃松的《情感及其发展和培养》等)，也可能有很大的帮助。

综合规划学生的教养、教育和发展的目的和任务，决不是说，一堂课就应完成所有的任务，实际上，这是不可能在45分钟内完成的。所以，教师在进行教学法操作时，在考虑课题内容可能引申出哪些任务之后，应当从中挑选出特别重要的、在学习该专题过程中必然要完成的任务。这时，他应当选出特别重要的教养、教育和发展性任务，而不是简单地停留在教养任务上，不去解决教育和发展任务。在突出课的主要任务时，教师要再三地考虑题材的内容特点。例如，如果课的内容可以明确地划分为若干部分、若干要素、若干阶段等，那么，该课就可以提出这样的任务，培养学生按题材内容拟定答案提纲的技能。如果课的内容是做练习，那就不应当提出那样的任务。如果课的题材简单，材料是描述性的，不包含什么新的思想，那么，在学习时，训练学生去寻找要点、重点和进行自我检查就未必是合适的。相反，如果题材是复杂的，学生通常会遇到困难，如果学习这个题材容易出错，那么，就应当侧重培养学生能够检查是否正确掌握课题主要思想、能够回答考查题等方面的能力。

做综合规划课堂教学任务的工作，并不是简单地保证在教学任务中机械地具有三种任务。这种规划的复杂性在于，所提出的各种任务，应当相互联系，相互促进，有助于顺利解决所有问题。因此，教师必须认真思考课题，不仅从课题内容中引出可能的教育任务和发展任务，而且从中挑选出首要的、对完成主要教养任务能起直接和积极促进作用的教育任务和发展任务。这样一来，提出的任务就更顺乎自然，它们对学生的作用，要比牵强附会的任务深刻得多。

许多教师，在实践中积累了最优地规划课堂教学任务的一定经验。为了相当广泛地获得关于这方面的资料，我们从国内许多地区收集了许多授课计划，按要求这些计划都含有教学任务。我们将比较分析同一个课题——《库里柯夫战役》的三份授课计划作为例子。这三份计划是莫斯科第六百五十四学校、拉脱维亚共和国列泽克涅市第二学校和列宁山寄宿学校的教师在上课时使用的。首先使人注意到的是这些课的教养任务是比较一致的。尽管在表述上很自然地有所差别，但所有教师都规定有：揭示库里柯夫战役在反对鞑靼蒙古族侵略中，以及在统一莫斯科周围的俄罗斯国土中的作用，揭示俄罗斯军队在库里柯夫战役中取得胜利的原因。在这三份计划中都提出了培养学生在历史方面具有下列专业技能的任务：学会阅读历史文献和史记片断，以及学会看历史地图。由此可见，教师们都十分全面地阐明了这门学科的教养任务。

这三份授课计划都相当广泛地规定了这一专题的课堂教育任务：为了进行思想道德教育，向学生介绍马克思针对蒙古鞑靼族的压迫所作的评价，马克思认为这种压迫不仅压制了，而且侮辱了、折磨了人民的心灵；以俄罗斯军人的功勋作为例子，注意向学生进行爱国主义的军事教育。为了进行美学教育，在这三份计划中都规定利用文艺作品中描写库里柯夫战役的摘录和介绍这一专题的幻灯片。可以看出，这一课的教育任务是直接从课题内容引申出来的。同时，从教学法和政治方面来看，这些任务的目的都使课的基本思想掌握得更深刻，更透彻，并充满爱国主义和情感色彩。这样一来，教师们保证了教养教育任务的综合性。当我们了解到给这几堂课规定的培养学生一般的学习技能技巧方面的任务时，我们发现，并不是所有教师都十分全面地看到这一专题的可能性。有一所学校的一位教师，只规划培养看书和做笔记技能。还有另一所学校的教师，除此以外，增加了培养以应有的速度拟定答案提纲和书写的技巧。只有一个教师提出突出主要的、本质的教材内容的任务。而这个材料恰恰有利于完成这一任务，材料中明确提出这一战役取得胜利的基本原因，基本事实和条件。

在规划课堂教学任务方面，最大的缺点，正如观察所发现的，在于很少考虑该班的特点，也不善于从许多任务中突出特别重要的、基本的、占主导地位的任务，用К. С.斯坦尼斯拉夫斯基的术语来说，就是不善于规定课堂教学的

“最高任务”。然而，教学最优化的主要方法之一，恰恰是要善于具体确定任务，并从中突出特别重要的任务。这意味着每一个教师都应当专门研究这一技能。同时必须懂得，只有考虑下列几点才能具体确定任务，这就是：第一，考虑学生的年龄特征；第二，考虑该班学生的特点；第三，考虑该班各小组的特点；第四，考虑该课在该专题课堂教学体系中的地位，以及在当天课程表中的地位。在具体确定课堂教学任务时，最好是依据《学生教育工作的示范内容》的建议来考虑学生的年龄特征，这里，明显地和系统地体现了这种考虑。在具体确定该班学生的辅导任务时，还应当依据该班任课教师教育会诊的建议，那些建议通常是在第一学季结束时在较小规模的教育会议上讨论过的。

至于对差生和优生进行辅导的特殊任务，应当这样来解决：就是改进差生学业上特别薄弱的地方，发展优生某种活动领域的特长。

该课在课程表中的地位对课的任务也是有影响的。例如，如果课排在下午，那就应当在保持学生的学习精力，培养对学习该专题的兴趣等方面，规定一些措施。

综上所述，可以总结出教师在规划课堂教学任务方面的活动程序，这种程序大致如下：

1. 在研究该学科、该章节、该课题时，要了解各种可能的教养、教育和发展任务。要做到这一点，就要熟悉教学大纲、教科书内容和教学法参考资料。

2. 在了解《学生教育工作的示范内容》的有关材料和教育会诊所作的鉴定的基础上，考虑该班学生的年龄特点和其他特点，他们的学业程度，教育水平和发展水平，具体确定任务。

3. 比较各种任务的意义，考虑完成任务的时间，突出若干主要的教养、教育和发展任务。

4. 突出课的“最高任务”。

必须指出，规划课堂教学的任务，这是教学论的一个完整的领域，这个领域将日益发展，日益重要。目前，在教师的实际工作中，它是通过不同的途径来完善的。例如，在莫斯科的许多学校里，教师根据自己的需要，在进修过程中进行多次的简单操作练习，以便掌握综合规划一个专题一堂课或数堂课的任务的技能。这里，向教师提出关于教养、教育和发展的基本任务的示范项目。教师们通过考虑教学大纲对该专题的要求，教学参考书的建议，教科书内容的特色，该班学生的特点，从这份示范项目中只选出能够在一堂课或数堂课教学过程中顺利完成的若干任务。

下面就是向莫斯科第六百五十四学校和第一百零二学校教师们提出的一份综合规划的操作方案。

从下列可能的教学任务项目中选择该堂课的三、四个基本任务。

课的教养性任务(目的)：

——保证在课堂教学过程中掌握(复习、巩固)下列基本概念、规律和理论(教师写出可能的名称)；

——培养(继续培养、巩固)该学科的下列专业技能(教师列出可能的项目)。

课的教育性任务(目的)：

——在课堂教学过程中促进树立下列基本世界观观点(指出本课的世界观观点)；

——保证在课堂教学过程中学习马克思列宁主义经典作家的下列著作、苏共下列文件；

——促进完成下列劳动教育和职业定向的任务；

——促进学生的道德品质教育，特别注意培养爱国主义、国际主义、集体主义、伦理规范、人道主义、积极的人生观，对资产阶级道德(市侩习气等)持不调和态度(指出在该班学习该专题时最可能顺利完成的任务)；

——促进培养学生下列的美学观点和审美技能等；

——促进培养下列卫生和体育技能技巧。

发展学生思维、意志、情感、认知兴趣和能力的任务：

——培养(继续培养、巩固)下列一般的学习技能技巧(拟定答案提纲、比较、概括、使用书籍、阅读和书写速度、自我检查等等)；

——促进培养学习意志和毅力(通过解答疑难习题，引导学生参加讨论等加以培养)；

——培养学生的情感(通过在课堂上创造惊奇、愉快、妙趣、离奇等情绪体验的情境来培养)；

——培养学生的学习兴趣(指出所学问题对发展科学、技术、生产的意义，指出这些问题对学生的职业定向以及培养爱好的作用，把游戏的情境引入教学等)。

在规划操作时，教师不必把这些任务重抄一遍，只需在授课计划的本文中，指出讲授该专题可顺利完成的任务。这时，每个教师都会考虑，在这个专题的下几堂课上，可以顺利完成其他任务，因此，在该堂课上不必肤皮潦草地完成那些任务。教师在一节课里实际完成的任务，相对地说，是不多的，这些任务是在进行教学教育过程中能够注意到的。所以，不必每堂课都全部完成教养、教育和发展任务。在授课计划中人为地增加任务只能徒有形式。我们要在后面举出几例，说明教师如何成功地考虑课堂教学的任务。这里，我们要强调的是，在任何情况下，关键不在于计划中写出各种可能的教学任务，而在于巧妙地考虑这些任务，写出的只是对该班来说是特别重要的和迫切的任务。我们还要指出，在各科教学参考书提出讲授该专题的参考任务之后，教师在考虑每一堂课的任务方面就会轻松得多，需要特别注意的只是考虑该班的特点。

对教师进行教学法训练，培养他们能综合而具体地规划课堂教学任务的技能，这很快就会产生积极的效果。莫斯科第一百零二学校的经验使我们对此深信不疑。这个学校，在副校长 Л. П. 帕尔夏克领导下，研究了教师掌握规划教养、教育和发展任务的技能状况，发现了典型的缺点。然后组织教师进行独立操作练习，练习综合规划二三堂课的任务。过了半年又再分析规划课堂教学任务的情况，结果表明有了重大的积极进展。教师们强调，他们现在是能更加完整而具体地了解各种必须完成的任务，更好地考虑班级的特点和学生在学业上的典型缺陷等。

莫斯科第六百五十四学校，在校长、俄罗斯联邦功勋教师 А. Д. 弗里德曼领导下，也对教师进行了类似的训练。这里，主要是注意训练设计整个专题的教学任务，因为他们认为，目前这样做对教师来说，更为可行。按专题规划教学教育任务，以后就不必写专门的教学笔记以规定个别课的任务。例如，女教师 Н. В. 别拉乌索娃在作课堂教学任务的规划时，考虑了四年级整个历史课程的基本任务，学生的年龄特征，该班学生的实际可能性，某些学生学习成绩差或者教育水平不高的主要原因。同时，她认为这门课程的基本教养任务（根据教学大纲的要求）是：以不断进化而又互相联系的本国史系统知识武装学生，使他们形成最重要的历史概念，形成专业的技能技巧和一般的学习技能技巧（阅读历史课文，使用年表和图表，提高合理安排学习活动的技巧等）。她拟定四年级历史课程的基本教育任务是培养学生的共产主义世界观，苏维埃爱国主义，文明，积极的生活态度。在讲授历史课程时，她也重视发展学生的智力，培养他们的意志、情感和认知兴趣。

别洛乌索娃根据对课程任务的总的认识，进一步考虑有关专题的特点，把任务具体化。例如，在为历史教研室写《伟大的卫国战争（1941—1945年）》的专题计划里，她提出了下列教养任务：向学生传授关于伟大的卫国战争的初步系统知识，按年代的顺序讲解。整个专题贯穿着共产党在战胜敌人的组织工作中起领导和指导作用的观点。指出卫国战争对结束第二次世界大战的意义。继而形成“正义战争”、“非正义战争”、“卫国战争”等概念。讲授这个专题的教育任务是培养学生对自己的社会主义祖国的自豪感，对苏联人民的勇敢精神的钦佩感，教育学生高度尊重老一辈的苏联人，使他们仇恨法西斯主义和暴行。她还拟定了培养学生一般的学习技能技巧和本科专业的技能技巧的任务，十分注意发展学生的独立思维，培养他们在做功课时克服困难的能力，让他们学会赞美、学会喜怒。明确这个专题的总任务后，这位女教师就着手确定个别课的主要任务。例如，这个专题的第一课是《法西斯侵略者对苏联的进攻》，基本任务是建立正义战争和非正义战争以及卫国战争的概念。这节课能相当有效地完成这样的任务：培养学生对法西斯的仇恨心。第二节课的内容是《一切为了前线，一切为了胜利》，能够鲜明地显示出党在组织保卫国家中的领导作用，人民群众在战争中以及在整个历史上的作用。第八节课的内容《为各国人民的自由而战斗》，能顺利地完成对学生进行国际主义教育的迫切任务。

这个学校的自然科学和数学教师，在规划课堂教学任务而进行教学法训练时，也采用同样的方法。例如，女教师P.Д.玛雷舍娃在七年级“液体的沸腾汽化的比热”这个专题的授课计划中，规定要完成下列教养任务：形成关于沸腾、沸点、汽化比热及其计算单位的概念；继续培养专业的技能技巧，例如用图表说明水加热过程的技能，解题和做课外实验的技能；继续培养一般的学习技巧(例如摘录教材要点，编写答案提纲，使用统计表的技能)。为了进行劳动教育，这位女教师安排了向学生介绍技术、医疗卫生以及学校周围一些企业利用汽化现象的情况。为了进行思想政治教育，她计划向学生介绍热动力技术在第十一个五年计划期间的发展情景，介绍赴北极的苏联新破冰船利用汽化的情况。为了培养辩证唯物主义世界观，玛雷舍娃要学生注意到所学热现象的物质性、可知性以及各现象之间的因果关系。为使学生的智力和意志得到发展，继续培养学生比较各种现象的能力(蒸发与沸腾的共同点和不同点)，有联系地表达自己思想的能力，在独立做习题时克服困难的能力。为了培养情感和学习兴趣，这位女教师决定利用底部加热的各种清晰的实验，液体在低于标准的温度下沸腾的实验等。

从心理学上可以看得清楚，如果执行者理解任务，那么任务就会完成得更有成效。对教师来说，理解课堂教学的任务具有特别重大的意义，这样，他就能够在学生面前明确地表述任务，特别是在涉及掌握主要概念，掌握专业技能技巧和一般学习技能技巧以及培养智力和意志的时候。大家知道，如果学生理解到他们为什么要学会拟定答案提纲，以较快速度书写和阅读，在掌握教材时，在检查计算的正确性时，合理地进行自我检查，那么，他们就会更快地掌握这些技能。掌握这些技能则可以节省时间和精力，避免将来出现人为的负担过重现象。

在进修时，必须进一步研究对差生和优生进行区别教学的任务。

先进教师在运用教学法时，都认真地考虑对差生进行区别教学的任务。在检查家庭作业方面，他们提出了这样的任务：了解对问题(学生平时深感困难的)的掌握情况；深入检查弥补知识缺陷(这些缺陷是前几堂课进行测验时发现的)的作业的完成情况；检查实验技能技巧(物理、化学、生物等科)缺陷的弥补情况；深入检查学习活动技能技巧方面(拟定答案提纲，在学习中进行自我检查等等)所存在的缺陷的弥补情况。

在拟定课堂教学过程中组织学生独立作业的任务时，可以规定由差生做这样的练习，这些练习必须能够把差生的注意力集中在消除答案和书面作业中所犯的错误上。许多教师也的确特别细致地考虑，在知识、技能和技巧方面有哪些典型的缺陷，应当在做家庭作业时予以弥补。同时，不应忽略向学生提出这样的任务：自我完善一般的学习技能技巧，包括合理安排生活作息制度，恰当地计划完成家庭作业的顺序，编写下堂课的答案提纲，编写简短的学习纲要，自我检查掌握所学教材的程度和解答习题的正确性等等。还要提出培养注意力、提高书写和阅读速度(测定自己的学习速度)，在做作业时培养意志和毅力等方面的任务。

在上课时对优生也必须进行有区别的教学。要是把教学过程仅仅指向预防学生成绩不良，那就太轻率了。决不能忘记发展学生的才能，培养他们成为具备这个或那个知识领域的天才。在考虑这些学生的教学任务时，应当尽量保证他们在课堂独立做作业时，以及在课外开展活动过程中，能够深入地研究某个学科。应当设计一些能满足他们对某个知识领域的兴趣和才能的作业(写诗歌、编故事，改进仪器和直观教具等)。应当把这些工作视为学校培养有才华学生的一种手段，但遗憾的是某些教师却把学生的这种活动看做是学生个人的奢望。当然，在这方面，也不可忘记有可能出现这样的现象：学生对自己的能力估计过高，表现出过分的虚荣心，或者相反，在负担经常太轻的情况下，表现出懒惰习气。这样简要地概述对优生进行教育工作的各种可能的任务，只是提醒一下这个问题的尖锐性，在解决问题时，教师可以提出自己的具体任务。

总之，我们力求指出，考虑、论证和具体确定现代化讲课的教学任务是何等重要，同时又是何等多方面，所以必须善于综合设计教学过程中学生的教养、教育和心理发展的任务，同时应善于选择对差生和优生进行教育工作的特殊任务。

在研究该班学生特点的基础上具体确定课堂教学任务具有重大的意义。

大家都知道往往有这种现象，有的教师在课堂上花尽力气，却没有取得应有的效果；而有的教师取得效果似乎不太费劲，这是因为他的教学教育影响与该班学生的特点是协调的：考虑了他们的长处和短处，以及他们的兴趣，引起了学生的相应努力，这无疑会提高教学效率。

要按上面说的那样去组织教学过程，就不仅应当很好地理解共产主义教育的总任务，而且应当深入研究自己的学生，了解该班集体的典型特点，以及每一个学生的实际学习能力。

教学过程最优化的思想，体现在使现代的课，整个教学过程，尽量注意到学生的个性以及班集体的特点。所以在《普通学校章程》中规定，研究学生的个人特点和兴趣是教师的主要职责之一。很遗憾，我们不得不指出，目前教师对学生的研究，尚须大力改进。

为了更好地研究学生，教师应当遵照一种行之有效的纲要来进行调查。这种纲要能查明特别重要的个性特点，以及对学生的学习效果起积极作用的那些技能技巧的培养程度。为此，可以推荐莫斯科许多学校在实际工作中所采用的下列研究学生的大纲：

(1)学生的社会活动积极性和劳动积极性；

(2)道德修养；

(3)学习态度；

(4)学习认知活动技巧的培养程度(找出重点的技能，拟定答案提纲的技能，以应有的速度进行阅读和书写的技能，在学习中进行自我检查的技能）；

(5)学习毅力；

(6)身体发育(健康状况，工作精力，疲劳情况)；

(7)家庭的教育作用。

我们认为，教师可以不必写每个学生的详细书面鉴定，填写概况表便可。如果学生个性的某种品质需要作较大的改进，那就在概况表中学生姓名右边，在鉴定的相应栏里标上“-”。有关的个性品质发展水平正常或者较高的其他栏目则可不填。因为对我们来说，重要的在于发现薄弱环节，并采取措施予以改进。当然，更详细的鉴定可能比这种概况表更有价值。但是我们认为，没有必要使教师因此而负担过重，尤其在当前班级人数众多的情况下更是如此。填写一个学生鉴定的例子(A. 彼特罗夫)，就可以使教师较容易地掌握做鉴定的方法(见附表4)。

与以前提出的建议不同，我们在这个表里着重建议要消除造成学生学习落后和行为缺点的基本原因。研究学生的主要意义，正是在于选择有效的措施，而不是在于对个性的某种品质作出书面评价。

按照这个大纲研究学生，不必另作专门安排，而是在平日交往过程中，在学校和在家里对学生进行更有目的的观察中，在更具体地分析做家庭作业的效果中，在与医生谈话中进行的。

为使全体教师在研究学生时实行统一要求，必须按照大体一致的特征，来评价学生鉴定中的各个基本成分。

关于学生社会活动和劳动的积极性，可按照下列几个方面来判断：自愿努力做集体必须做的事，认真完成少先队和共青团组织交给的工作，积极参加生产部门和农业部门的劳动，以及学校中的自我服务等活动。

关于学生的道德修养，可按下列情况来判断：遵守共产主义道德的基本准则情况，自觉遵守纪律的情况，以及遵守学校、家庭和公共场所中的行为规则的情况。

关于学习态度，可按下列几个方面来判断：对学习意义的理解程度，好好学习的愿望，对学习成败的体验，努力完成教师的一切要求和执行建议的程度。

关于学习认知活动的技巧，可以按下列情况来判断：学生力求找出并讲出最本质的思想，力求作出概括和结论，力求写出答案提纲、作文提纲、实验作业提纲、解题纲要、劳动活动计划，力求以该班应有的速度阅读和书写等。

关于学习毅力，可以按下列情况来判断：设法克服学习中的困难，克服分心的影响，能够集中精神，有较好的组织性等。

关于健康状况，首先按照医生的材料来判断，也可按照学生在学习和开展其他活动中的疲劳程度来判断。

关于家庭的教育作用，可以按照下列两个方面来判断：家庭成员个人对学生的榜样作用；在家里创造有助于学生全面发展的良好条件。

填写我们所建议的鉴定概况表，有助于班主任更好地了解整个班集体在学业上的典型弱点。

在编写全班鉴定时(供以后规划课堂教学任务和选择教学方法作必要的参考)，必须了解下列几点：

1. 班级学生对待学习以及对待该科的态度。

2. 学习纪律的自觉程度。

3. 班级学习该科的程度。

4. 班级学习活动的速度。

5. 学生在独立作业、问题教学方面的准备程度。

6. 班级的社会活动和公共舆论。

7. 学生的学习毅力和劳动毅力。

对全班绝大多数学生的学业水平作出大体上的评价，在此基础上才作出全班性鉴定。这里，不能硬性规定一个优良成绩的比例数，不能认为达到这一比例数的班级就是纪律良好的、能按应有速度开展活动的，如此等等。要知道，少数不守纪律的学生就可能使班级变成“麻烦班”，使教师感到难办。这里，就二、三个平行班的学业水平作比较性评价具有决定性的意义。如果教师能够说，七年级一班，从各个方面来看都比七年级三班强，那么，教师在规划课堂教学的任务时，对七年级三班就应着重培养学科的兴趣，加强学习纪律，填补知识缺陷，提高学习活动的速度。在这个班里只能采用这种教学方法，这样做就能够照顾到学生独立能力较差，问题教学基础不足等情况。在这种情况下，就不应当组织研究性的实验活动而应当安排做教师所布置的作业等等。相反，七年级一班则应当选择更高水平的问题教学，更快的学习速度，也可以安排独立研究教科书中的某个专题等。

遵照上述研究学生的最低大纲(顺便提一提，八年级、十年级的毕业鉴定也可参照这个大纲)，各个学校可以采用各种不同方案，开展对学生的研究。

下面就是其中的一种方案。

在工作的第一个阶段，学校的教导主任同全体教师进行谈话，向他们解释本学期在教学教育工作过程中研究学生所必须遵循的统一大纲，并且说明应当按照哪些最有普遍性的特征来评定各种品质(列入鉴定)的培养程度。如果教师对学生个性的某种品质看法不同，则必须阐明因此而产生的各种问题。然后就可以组织讨论以一个学生的鉴定作为试点，以培养教师具有这样的能力，即以较少的时间写出这种鉴定。下一步，教师便着手对学生进行系统的研究。最后，可根据教师的条件而采用不同的方式整理研究结果。这种方案的“模式”比较简单，因为，每个教师只按照所提出的大纲表格和所规定的特征来观察学生，形成对学生的一定看法，并在拟定教学计划时考虑这种看法。这时，可以不填写鉴定概况表中各栏的内容，但在必要时能客观地介绍学生的情况。

第二种方案要求教师遵循由班主任按同样表式编写的、并且列入班级日志的班级统一鉴定。在课堂教学过程中(在学生做书面作业时)，教师不断加深了解这种鉴定意见，同时把自己对学生的看法同班主任的意见加以比较，与班主任工作会晤时谈谈自己的看法，对鉴定提出修正。实际上，这种非正式地交换对学生的意见随时都在做。这里，较突出的是，教师是按照一定的大纲交换意见的，他们应当不是单纯地指出的确存在的某种事实，而应尽可能地揭示其产生的原因，共同拟定克服缺点的措施。这样一来，班级日志上所出现的鉴定，就更加深刻、更加客观地反映了教师对于学生的集体性意见。

第三种方案要求举行班主任主持下的班级任课教师会议，会上讨论的不是全体学生的鉴定，而是某些学生的鉴定，因为那些学生的学习成绩和行为令人担忧，必须集体交换意见。

第四种方案是在班主任主持下全班教师集体作出该班全体学生的鉴定（一年一次，在寒假进行）。我们把教师讨论学生鉴定的会议叫做教育会诊，因为，在会上真正地交换了意见，产生了争论，对个别学生的学习成绩或修养欠佳的原因作出集体的定论，并根据每个教师、班上积极分子以及家长可能提供的有利条件，确定用共同的力量来消除那些原因的方法。会诊按照下列方式进行：班主任宣读学生的姓名，并就该生个性品质有待改进之处提出自己的意见。如果教师们发生了分歧，则应进一步研究该生的这种品质。在评价该生所有品质之后，由班主任发表意见，指出该生学习落后或行为不良（如果有这些现象的话）的可能原因。这些初步看法要经过集体讨论。最后，由班主任提出对这个学生进行个别教育的各种可能的措施，以便消除业已查明的落后原因，确定首先由谁来执行这些措施。如果应给予帮助的是学生，则应确定由哪个学科的教师，哪个积极分子来做这工作；如果要做家庭的工作，则应确定家长委员会中哪个成员来承担；还要规定家长和学生本人应当做些什么。所有这些都要简短地写在鉴定概况表中，并在以后的活动中加以检查。在下一次会诊会上，要讨论上次会诊提出建议的执行情况，并拟定进一步教育学生的措施。

为了防止教师负担过重，也可以只在平行班级中的一个班级，即令人感到特别难办的那个班级进行教育会诊。这个会诊可以使教师以统一的方法，更有目的地在其他班级组织对学生的研究，而且不必举行专门会议。考虑到某些教师同时在几个班级任教，不可能参加二三个会诊会，可以规定只参加一个会诊会。为节省教师的时间，该班的任课教师不必全体参加会诊，而只由学生学习最落后的那两个学科(例如，数学和语文)的教师参加。其他教师可按工作程序了解会诊结论。

由上可见，研究学生可以采取各种不同的办法，并逐步走向举行完整形式的教育会诊。这些办法和形式的选择要以教师的可能性为依据。这里，千篇一律当然不足取。关键在于使全体教师深信这一工作是必不可少的，它有助于达到目的。

举行教育会诊对教师有什么好处呢？

第一，会诊使教师对学生的了解更加全面，因而更加客观；

第二，有助于发现学生成绩不良或修养欠佳的原因；

第三，有助于交流对学生个别施教的经验；

第四，保证在该班教学教育工作过程中采取一致的方法来教育学生；

第五，有可能更具体地规划课堂教学和教育措施的任务；

第六，可以节省教师的时间和精力，因为教育会诊可帮助他们找到最简便而又可靠的方法来教育学生，更快地完成教学教育任务。

至于举行教育会诊的时间耗费，这是教师各种时间耗费中获利最多的一种，因为，这些会诊可以靠日常工作节省时间很快得到“补偿”。可惜的是并非所有教师都意识到这个似乎是显而易见的真理。但是，只要他们力求改进自己的工作，迟早也会得出这个结论。顺便指出，如果说举行第一次会诊大约要用三个小时，那么，以后讨论全班学生鉴定的会议，所用的时间可以缩短到一个半小时。

采用上述办法来解决研究学生的问题，最大的收获在于它可以使教师在开展班级工作的某个阶段上，突出教学和教育的主要环节，并在这一基础上，以最少的时间和精力，获得更大的效果。这个方面已经不乏其例。例如，莫斯科第五百三十五学校女教师 B. A. 别洛娃在经验讨论会上说：由于采取课堂观察和教育会诊的办法来研究学生，结果查明了七年级三个班中每个班的学生在实际学习能力发展方面的典型缺陷。七年级一班在学习活动技巧方面，特别是在拟定学习活动提纲方面存在重大的缺陷，还有学生阅读面不广；七年级二班有学习责任心不强的表现；在七年级三班，特别使教师担忧的是学生在学习上缺乏应有的毅力；教师认为这三个班的学生找出所学材料重点、要点的能力都较差。根据这些具体情况，在全体教师的工作计划中都强调要改进这方面工作，注意训练学生善于找出所学教材的主要的、本质的思想。教师开始使用专门的穿孔卡片，用这些卡片可以检查学生找出课文主要思想的能力。在七年级一班，开始比较有目的地教学生拟定答案提纲、作文提纲和实际活动的执行计划等。在七年级二班，制定了培养学生学习责任心的措施，还妥善地考虑了各科课外活动任务的分配问题。在七年级三班，特别注意培养意志力，进行了这一题目的座谈，在学习上给予更合理的帮助，以便更积极地培养学生独立争取良好学习效果的顽强精神。现在，三个班主任的工作计划，在这些班里任课的同一位教师的各班授课计划，不再是一模一样，在安排任务时所确定的侧重点亦各有所异，已能较具体而又有目的地去克服学生学习和品行中最主要的缺点。看来，这就是根据现有条件，考虑每个班级特点，在教学过程最优化的道路上向前迈出了扎实的一步。

顿涅茨克第四十五学校教师 В. И. 杰格佳列夫通过详细研究每个班级的特点，查明了学生学习能力和学习态度的典型情况。这使他后来有可能拟定出独特的教学法策略。他根据需要，在某一个班里强调多用激励学习的方法。在另一个班里，强调多用组织学生做提高性独立作业的方法等等。

改进对学生的研究，也有可能改进课堂教学和学科课外活动过程中对学生的个别教育工作。例如莫斯科第一百零二学校教师 Г. М. 塔尔纳夫斯基在担任五年级二班的班主任后，连续四年系统地研究学生，他对儿童及其家长作了问卷调查，与校医和团队积极分子就个别学生问题进行了交谈。他每年还举行了两次教育会诊。这一切使他和班上的教师充分了解每个学生造成学习困难的原因：某个学生是由于参加三种校外活动而负担过重；另一个学生是由于生病；第三个学生是由于缺乏应有的学习技巧；第四个学生是由于前几年产生的对学科的错误态度；第五个学生是由于家庭情况不良；第六个学生是由于自觉纪律尚未形成，如此等等。针对每种情况，教师都选择一些专门办法来教育学生。在分配工作任务时，Г. М. 塔尔纳夫斯基设法利用学生的长处克服其短处。例如，教师根据 Г. 萨哈罗夫对绘画的爱好，以此鼓励他去做他原来不感兴趣的那些学科的作业。在另一种情况下，要求学习较好的学生接近学习落后的学生。在第三种情况下，在课堂上多提问学生等等。课堂教学过程和个别对待学生的任务都更加具体，这样就避免了师生的冲突，因为，教师已经了解班上的道德心理气氛和每一学生的精神状态，选择了适当的交往方式。结果，教师用同样的时间取得了更大的效果。因此他们深信，教学教育过程最优化可以保证最好地组织他们的工作。

最后，必须提请大家注意，在采用上面所建议的内容来训练教师掌握综合地和具体地规划课堂教学任务的技能时，应当严格区别对待。对某些有经验的教师，一般可不必提什么建议，对另一些教师，可建议只需训练一次，对第三种教师，可建议训练二三次等等，视他们教学法水平而定。

我们在本章中提出建议所依据的设想是：在一年里作二三次具体训练，可以简化当前推行的那种每堂课的授课计划，不必在这样的计划中写下课堂任务，以及个别提问的问题等等。经过有成效的训练后，只需认真考虑课的任务，与同事和学校领导人讨论课堂教学情况时，应善于阐明这些任务。后面那些课的教学计划，可以只保留教师认为必要的那些内容(题目，在学习新教材时做哪些练习，哪些实验等)。当然，计划的详细程度，也要视教师的教学水平而定，学校的领导人有责任考虑这个问题。但总的说，贯彻最优化思想，不应当要求教师写过多的(只有检查才需要的)书面材料而使他们负担过重，相反，应当把这些书面材料减少到最低限度。

第四章 教学内容最优化

苏共第二十六次代表大会的材料汇编中有文章指出，学校的教学大纲和教科书过于复杂，这给教学造成困难，使儿童负担过重①。

因此，在研究教学大纲和教科书时，应当首先注意教学内容最优化问题。修订和进一步完善学校的教学大纲和教科书，务必根据一定的准则，其中特别重要的有以下几条。

1. **教养内容的完整性准则。这条准则要求教养内容充分反映现代社会对社会主义类型的人的全面和谐发展的要求，并且包含现代科学、生产、社会生活和文化的各个基本方面**。人的全面发展，必须具备社会所需要的知识、技能和技巧(包括一般学习的技能技巧和专业的技能技巧)，以及劳动、实际工作和社会活动的一定经验；必须具有全面的修养，即具有思想政治、道德、劳动、美育和体育等方面相结合的修养；必须在智力、意志、情感、兴趣、需要和能力等方面都达到应有的发展水平。全面发展的这些要素综合起来，应当保证个人具有共产主义世界观和积极的生活态度。

---

① 见《苏共第二十六次代表大会材料汇编》，第60页，莫斯科，1981年。

2. **教养内容各组成部分的科学价值和实践价值准则。这条准则可以保证突出教养内容中主要的、最本质的成分。**运用这个准则，就必须比较评价：

——教养内容诸成分的普遍性、综合技术性和概括性如何；

——在科学上是否众所公认；

——实践意义如何；

——教养内容在科学上是否有发展前途；

——所选材料对说明基本理论、规律、概念，对从事基本实践活动是否必要和充分。

在运用这条准则时，必须偏重于更有价值的内容成分，即更有普遍性、更强的综合技术性、为更多的人所承认、更有发展前途、对说明基本理论、规律和概念来说是更必要的和更充分的那些成分。

要把这条准则运用于实践，就必须：

——明确高等教育在高校教学大纲和教科书中反映出来的各个基本专业对普通学校的要求；

——把理论、规律、概念划分为普遍的、总的和局部的；

——把科学材料划分为基本的和补充的、参考的；

——对材料作跨学科的分析，以免重复；

——使用某些知识领域的常用词典，以及图解法。

教养内容各个成分的价值，可由包括教师在内的专家代表小组来鉴定，作出共同结论。

3. **符合学生年龄的可能性准则**。这条准则要求明确教养内容中哪些成分，从历史传统来看，对相应年龄的大部分学生来说难度较大，即使在教学法上采取各种方案也无济于事。这一准则要求作必要的科学实验，以检验列入教养内容的各个部分的可接受性，从高校入学考试资料来看，这些章节往往使学生发生困难，应当探索可能的途径来改进这些章节的教学方法。

4. **符合现规定学习该材料的时数准则**。这个准则要求研究一定数量的有代表性的对象，研究全班学生(包括学习困难的学生)为深入而牢固地掌握每一学科有关课题所需时间(对于学习困难的学生，必须根据目前班级人数众多的情况，给予最大可能的教育帮助)。应当根据严格规定的掌握知识、实际技能技巧的质量标准，在学习课题后，以及在教师检查和巩固教材掌握情况后，取样作时间测定。通过时间测定，可以看出什么样的课题，应放慢或加快教学进度。

5. **符合国际上设计学校教养内容的经验准则**。根据这个准则，应当把我国的教学大纲和教科书同外国的作出比较，对比列入其中的理论、规律、概念，对比阐述问题的深度，所培养的技能技巧和一般学习技巧的范围，讲授每个课题所安排的时间等等。这样，就可参考外国这门或那门学科的教学经验，对教学大纲和教科书，特别是自然科学和数学的教学大纲和教科书作必要的修改，从而保证我国学校的教养内容具有较高的国际水平。

6. **内容必须符合当前学校现有的教学方法和物质基础的准则**。在运用这条准则时，首先必须确定实验作业和实习作业的内容。随着新的实验条件的出现，这些内容应当更新，使其更有现实意义。应当从教学大纲和教科书中删除使用老化设备的作业。在某些情况下，也应从教学大纲中删除目前专用教室没有设备可供操作的作业。这样的作业可以列入有关学科的选修课。随着学校专用教室物质基础的发展，这些作业将来也可成为所有学校的必做作业。

基本准则就是如此，在制定标准教学大纲时必须遵循这些准则。考虑这些准则时要符合其连贯性，这不仅保证了完整性，还可以删除造成学生负担过重的那些过于复杂的成分。必须指出，教学大纲和教科书的编者在执行这些准则时，如果他们首先必须保证内容的完整性和多面性，接着，则应当从中挑选出最本质的东西，但列入大纲的基本内容应保持完整性。然后，他们就应当考虑学生的年龄特点，删除对该年级学生来说过于复杂的章节，或者把它们移后。接着，编者应当按照现规定的时间标准对内容进行“筛选”，进一步比较最重要的和次要的内容成分，并从大纲中删除次要的那些部分。最后，应当进行对照性检查，检查所选内容是否符合于国际的教学实践，是否符合于教师和学校本身的可能性。

严格遵守这些准则，就有可能科学地论证和有根据地划定科学基础知识的范围。这些准则保证了对各个学科教学大纲的统一要求，从而有可能用有科学根据的方法来安排中等学校的教学计划，处理好教学计划中自然科学和数学、人文学科的比例关系等等。

我们认为，这样做是对学校教养内容作教学论论证的最重要和最简捷的步骤之一。

至于完善苏联学校教学内容的途径问题，在目前条件下，我们认为基本途径如下：

——在保持教养内容完整性的前提下，更有根据地突出主要的、最本质的成分，以改进学校中所要讲授的科学基础知识的内容；

——我们的着重点不是仅向学生传授知识，还要培养他们具备一般学习的技能技巧，这样他们就可以迅速地、独立地充实自己的知识，并在科学信息和政治信息的洪流中正确掌握方向；

——同时研究对立的各个过程，各种特性等，推广掌握大单元教学资料的方法（П. М. 厄尔德尼耶夫）；

——加强教学中跨学科的联系作用，避免在讲授个别学科中过分的圆周式循环；

——在初等学校里就要提高理论概括的作用，更广泛地运用演绎法来掌握知识；

——训练学生用统一的方法来解决一种类型的问题；

——更广泛地运用问题探索法来讲述教学内容，以培养独立充实知识的技巧；

——在教科书中运用各种激励和形成学习动机的方式；

——提高有区别的练习的作用，以便防止出现成绩不良现象；

——发挥教学内容中技术手段和概括性、系统性很强的新型直观教具的作用；

——运用综合的教学方法，完整地完成学生的教养、教育和发展任务。

做到这一切，苏联学校就能顺利地使毕业生为继续升学、在科学信息大量增长的情况下不断充实自己的知识打好基础。有关学科的教学法，在教学最优化方面，应当给予教师较大的帮助。这种类型的参考书，多数把教师的注意力集中在所讲授课题的最重要问题上，建议在讲解教材时重点应放在哪里。教学法向教师指出阐述课题内容的最合理逻辑——归纳法或者演绎法，以及课堂上可能采用的比较方法和类比方法等等。有些教学参考书则建议运用问题探索法来研究课题，强调注意主要的世界观观点，引证具有重大教育意义的例子和事实。各种教学法教程都列有内容广泛的技术手段，这些手段在讲授课题的一定阶段上，在演示实验和进行全班实验时，在利用各种各样教学技术手段时，在演示插图时(挂图、图表、图样)可以使用。

当然，如果不了解各门学科的现代教学法，就不可能有课堂教学内容的最优化。如果教师在备课时不依据教学参考书的建议，那么，他就会延缓教学最优化的进程，使自己作出的教学决策带有偶然性，或者花费过多时间去寻找众所周知的教学方案。另一方面，要确定最优的课堂教学内容，也不是看一下新的教学参考书就行了。问题在于教学法本身并没有提出硬性规定的、单一的建议。这些参考书，在讲授专题方面，常常提出两种可能的方案，写上几种实验、演示几种仪器等。这就需要教师善于考虑班级学生的可能性和专用教室的教学物质设备情况，以及自己的教育技巧的长处，选择最适当的方案。这是因为许多教学法参考书现在还没有充分体现以综合的方法来选择内容，使其完全符合于学生的教养、教育和发展任务。因此，教师必须充分利用具有先进经验的材料，教学法杂志发表的材料，来补充教科书的内容。例如，现在在许多教学法书籍里，关于培养学习活动技巧，培养学生的思维、意志、情感、兴趣和能力等方面的活动内容还很少。在教学法书籍和教科书里，还没有运用所学概念、规律于实际生活的最新材料。这种情况是完全可以理解的。因为，准备和出版教学参考书需要经过四、五年，在这段时间里，科学上、实践上又出现了许多新东西。由此可见，教师还有一个任务，这就是根据科学、技术、生产、社会生活、文化、艺术等方面的新成就，使教学内容符合现实情况。内容现实化的意义非常重大，这不仅从教养内容本身来说是这样，从培养学生掌握知识的兴趣来说也是如此。由于内容现实化，学生就会更快、更好、更牢地掌握新教材，这就直接促进了学习过程最优化。现在，许多教学法教程，还很少研究对差生和优生的区别教学，更不用说对学生的个别教学，因而很少在这方面提出建议。区别施教的任务就完全落到教师身上了。其中，关于练习内容的区别化和个别化问题，在较长的时间内，将是他们要直接关心的事。确定采取何种办法以加强跨学科的联系问题也是如此。

由上可见，要选择最优的课堂教学内容，教师必须采取下列的行动，这些行动，综合起来，就是教学内容最优化的程序。

1. 深入分析教科书的内容，并判断它是否能全面地完成该课的教养、教育和发展任务。如果发现必须充实教科书的内容(通常是必须加强教育作用和发展作用)，那么，就必须借助教学参考资料和有关该科的科普读物予以解决。与此同时，还应使教材内容现实化：即以反映科学、技术和社会文化生活发展的最新例子、事实、插图等来充实教材内容。在内容中考虑学生日常的生产环境和自然环境的特点，这是内容现实化的一个方面。依靠学生所熟悉的事实、例子和探讨周围现实中利用课上所学问题的作业，可以同时完成几项任务：保证教学与生活联系，促进学生的职业定向，利用统觉(依靠学生以前的生活经验)的心理效果来掌握知识，从而保证提高既定时间内的教学效果和质量，而这正符合最优化的目的。

2. 从完整选择出来的内容中找出最主要的、基本的、最本质的内容，以便在讲解教材时，在练习时，甚至在下一节课提问学生时，把注意力集中在这些内容上。正如某些学术专著(В. Ф. 帕拉马尔丘克等) 所指出的，突出主要内容的操作程序是：找出思考的对象，把材料划分为几个合乎逻辑的组成部分并加以比较，精选材料(区分出主要的和次要的)，抓住关键的概念、规律、有意义的论点，把材料加以分类，得出关于主要思想的结论，以标题、提纲、论点、图表、模式、算法等书面形式，把这个结论整理清楚。如果把这些逻辑操作转化为教师的行动指令，那么，这就意味着，在熟悉教科书有关专题的内容后，他应当：

(1)从课文中找出规律、概念或所学概念的一些特点(例如，定义、数量、测量单位、测量方法等)；

(2)如果新教材的内容是由几个部分组成的，那么，就应把课文划分为逻辑上完整的几个部分，其中每一个部分都有新规律，新概念，或者一个规律或概念中的新成分；

(3)从教材的每个部分中找出最关键的成分、特点等(不懂得这些成分和特点，就不可能明确地、正确地掌握概念)，还要认真考虑，应如何以简明的语言下定义或表述；

(4)把每个部分的其他材料再细分为说明事实的材料和参考性的材料；

(5)详细考虑新教材每个部分的主要思想，课的梗概——整课的主要思想；

(6)拟定讲述提纲(要点等)，教学内容基本问题学习提纲。

由此可见，新课题内容应当按一定的逻辑分为若干部分，其中每一部分都应当在要点上打“感叹号”。因此，内容最优化的这个阶段也可称为找出要点、重点阶段。

3. 进行科际协调是课堂教学内容最优化的一个最重要手段。学科之间教材不协调会产生一系列的不良现象：降低教学效率，花费过多的教学时间。“科际不协调”还有一些恶劣后果，这就是一方面教材过多重复，另一方面又很少考虑学生已经掌握相关学科的材料，依靠这些材料，本来是可以简化教学，加速获得所期望的成果。在解释某些概念时，学科之间不协调一致，有碍于学生掌握这些概念，使他们不能理解不同学科应用一些概念的特点。教学大纲有专门的规定，可以帮助教师解决学科之间教学内容的协调问题。

由此可见，在规划内容时，应当规定，这个专题必须依靠其他学科的哪些章节，同其他学科的类似专题如何联系，什么是相同的，什么是相异的，相异的原因何在(懂得这些原因可以避免掌握该概念时发生困难)，重复相关学科的哪些内容有好处，今天学习其他学科时所掌握的东西有哪些地方是可以利用的，如此等等。

4. 按照可能规定给该课题的教学时间来安排课堂教学(一堂课或几堂课)的内容。教师必须确定，讲授新课题的每一部分所需时间，如果发现，讲授参考性和例证性材料的时间不够，那就从中选出最必要的，其余的事实、图表留给学生自己学习。

遗憾的是，现在有些教师没有这样做。他们很全面地讲述专题的第一、第二部分，把初步选出来的所有事实、例子、证据都讲了。以后，在讲到这个专题的第三、四部分时，却把极重要的内容压缩了。最优化要求保留课的各个部分中所有主要的内容，要根据现有的时间妥善地安排，保证学生能够在教师指导和帮助下理解和掌握这些主要内容。应当把较简单的、实际的、参考性的内容留作家庭作业自行学习。还有一个众所周知的道理需要在这里强调一下。对以前学过的材料进行提问，时间的规定不应老一套。它是可以变动的，如果教师同学生一起学习新教材主要成分的时间不够用，提问的时间可以压缩到最低限度。课堂教学(一堂课或一个专题的几堂课)内容最优化的这个阶段，要按照讲授这些内容的现有时间来决定其分量。有经验的教师实现这一点并不困难，因为他们了解讲授这一专题大致需要多少时间。对年轻教师来说，发表于杂志上的专题课时授课计划是很有帮助的，那里指出一个专题应分为几堂课来教。

5. 保证以区别对待的办法来教育差生和优生，而且要保证他们学习的教材不低于教学大纲的要求。这就是说，第一，教师必须根据全班学生(包括差生在内)都能理解的水平，来拟定共同性的讲解(学习)提纲。对于差生，所不同的在于帮助的内容和形式：为他们选择辅导卡片，这里起初提供较详细的，后来就提供不那么详细的解答提纲，或者附有图画、图表等的解题方法提要，暗示习题的类型或者以前已经解答过的类似习题。利用双联习题是我们检验过的一种帮助学生的方案。这实际上是把教科书上的普通习题分成两道题。做第二道题必须依靠解好第一道题，从内容来说是这样，从促进学生活动积极性来说也是这样，因为他们在解第一道题后体验到成功就会产生积极性。最后，差生也会做其他学生做的那种习题，不过他们的解题方法暂时分为两个过渡性部分，以便达到同样的教养水平。为差生提供有区别的内容，就有可能顺利地对学生进行个别教学。如果不对差生作区别施教，落后生人数就会大大增加，那就需要为大量学生选择个别作业。这里也表现了区别教学与个别教学的联系。

为了更顺利地掌握最优化的方法，教师也可以就课堂教学内容最优化问题独立地进行练习：

课堂教学(一节课或几节课)内容最优化的基本阶段	教师在内容最优化方面的基本实际活动
1. 保证内容全面符合于任务 ——教养 ——教育 ——发展	——选择必要的理论原理、事实和练习，借以保证完成课堂教学的全部任务
2. 找出内容中主要的、本质的东西	——找出课的基本思想 ——把内容再分为逻辑完整的几个部分 ——找出课的每个部分的基本概念
3. 学科之间的内容协调	——消除教材的重复现象 ——依靠学生已从其他学科学会的材料
4. 保证内容的分量符合于学习该内容所规定的时间	——要选择实际上有可能在规定的时间内实现的一定数量的练习、事实、实验、例证
5. 为不同学业水平的学生选择有区别的教学内容	——选择帮助差生的练习和帮助形式 ——选择供优生做的作业

教师在运用这种练习方法时，可在每学期开始时编写一个比平时详细的授课计划，在计划中指出足以保证完成教养、教育和学生个性发展任务的基本内容成分，选择讲授专题、巩固专题和检查专题掌握情况的最优习题，并把这些习题有区别地分为供差生和优生分别使用的。应当再次强调，这种书面形式的练习，多数教师最好每年进行两次，以便培养拟定最优计划的技巧，一般地说，以后就不必作书面记录，只要教师在课前对该课计划加以仔细考虑就行了。这种“口头”计划的质量，学校和学科教学联合小组的领导人，在做听课总结而进行交谈时，应当加以检查。

分析实际教学情况表明，教师在挑选与完成教育和发展任务有关的内容方面感到非常困难。因此，我们认为有必要更详细地谈谈这个问题。

第五章 教学过程的教育

普通学校最重要的职责是对学生进行共产主义教育，培养他们具有科学的世界观，高尚的道德政治品质，热爱劳动的精神，广阔的文化视野和健全的体魄。要实现这一复杂的任务，就要靠学校集体在课堂上，在课外活动过程中，在儿童社会组织工作进程中，在校外活动时开展一系列的工作，还要学校同家庭和居住区的社会团体一起进行多种形式的协同工作。在这方面，系统的教学起着重大的作用。苏联学校教学的显著特点是它的方向性，即教学方向是培养社会主义类型的全面和谐发展的新人。教学的使命不仅在于传授知识和技能，而且在于以共产主义的精神全面培养和发展学生的个性，这是现代普通学校教学的一个基本原则。按照这一原则，所有教学大纲都规定要完成一定的教育任务。从这里可以看出，提高教学的教育作用的首要条件，是教师要细致地分析每一学科的教育可能性，很好地领会教学大纲的要求，提出每一堂课的教育任务。

《学生教育工作的示范内容》是指导设计课堂教学的教育任务，选择符合于教育任务的教材内容的出色文件。文件具体规定了每个年级的教育任务，包括下列几个方面：

——形成共产主义世界观的基础；

——培养政治自觉性和发展社会活动积极性；

——培养共产主义道德、自觉的纪律性和文明行为；

——培养自觉的学习态度，发展认知积极性和智力劳动技巧；

——培养对劳动和公共财物的共产主义态度，扩大综合技术眼界，准备自觉地选择职业；

——培养法律意识和公民责任感；

——培养美学修养，发展艺术活动能力；

——进行体格锻炼，提高健康水平，形成卫生习惯。

根据综合教育任务，善于看到每堂课可能完成的各种教育任务，同时要善于把力量集中在讲授该专题时可能特别顺利而自然完成的那些任务上，这都是很重要的。

如果深入分析一下教学过程中的教育状况，那么，我们肯定会看到一个相当大的弱点：在拟定课堂教育任务时没有很好地考虑该班学生的特点，通常只是根据各校通用的教学大纲和教科书中课文内容的要求。然而，各个班集体彼此是很不相同的。有的班级具有良好的自觉纪律，负责的学习态度，强烈的义务感和浓厚的公共舆论。有的班级却出现不负责任、违反课堂纪律、没有完成家庭作业的情况。有些班级，学生已经掌握应有的学习活动技巧，具有必要的学习毅力；另一些班级的学生没有掌握学习活动技巧，学习能力较低。从这里可以看得很清楚，在规划教育任务时，对不同班级不能采取一种办法。

大家知道，教师所关心的事是很多的：装备专用教室，制作教学用具，装置和使用技术手段以及其他等等。所有这一切都是重要的。但是，还有更重要的事要关心的，这就是学生本身，他的个性、特点，他的忧虑、困难、体验、悲伤、失败、欢乐，他的需要、兴趣、爱好、能力甚至天才(天才也应当给予支持、抚育和培养，不能由于要普遍照顾全班而忽略天才)。教育学早就通过许多自己培养出来的卓越人物之口，宣传研究学生个性的重要性，强调指出没有全面了解学生的个性就不可能保证学生个性的全面发展。然而，研究学生的实际情况还是不能令人满意。其原因不仅在于某些城市学校班级人数过多(虽然全国平均每班人数只有26人左右)，而且，坦率地说，在许多学校的实际工作中，系统地研究学生还没有受到国民教育机关的特别关心和特别重视，也没有得到特别的检查。这样一来，就形成了一个很错误的看法，认为教师目前无法系统地研究学生，如果强调要书面写出研究学生的结果，那就可能使教师负担过重。但是，如果把书面整理放到第二位，把注意力放在向教师说明，在日常观察过程中和在分析学生作业过程中进行研究是特别重要的，如果教会他们进行有目的的观察，如果经常交换对学生的意见，那么，我们就可以大大节省教师的时间，因为他们会找到有效的捷径来完成教学教育任务，不要花许多时间去返工重教，解决与学生和家长以及同事的矛盾，补充提问和补课等等。A. C. 马卡连柯曾经说过，对教育来说，需要的并不是大量时间，而是合理地使用少量时间。他的这一明智想法，以及我们今天的先进经验，都令人信服地证明：坚决改进研究学生的实践，是教学教育过程最优化的最重要手段。

要大大改进对学生的研究工作，现在已经具备更加有利的条件：教师的心理学和教育学素养已经有所提高，多数学校班级学生人数已略有减少，教师在长日班工作时间里与学生交往的机会也有所增加，如此等等。如果每所学校都能找到切实可行的形式来加强对学生的了解，如果在这方面能有区别地对教师进行教学法训练，那么，毫无疑问，我们将会更好地完成这一重要任务，并且提高教育学生的效率。

课堂上的教育任务首先是通过教师所讲述的或者学生独立学习的教材内容来实现的。所以，认真考虑教师和学生的活动内容，选择相应的有教育意义的例子、事实、练习、学生的实习活动、结论和概括是很重要的。教师的特别重要的任务在于，善于从该科任何专题的内容中，看出、找出、突出具有世界观意义的观点，以及从研究该问题中可以引申出来的基本哲学原理，社会政治原理，道德和美学原理。

但是，培养世界观的过程，不能局限于学生仅仅理解主要的世界观观点。很重要的是培养学生能够运用这些思想、原理、世界观结论和规律性，分析社会生活、文学、艺术，以及自然界、科学和技术的具体现象。特别需要教会学生分析本国和全世界的社会政治生活大事，培养他们习惯于以阶级观点和党性观点来评价这些大事。这一切都有助于提高世界观的实际应用。

培养学生的辩证思维是培养世界观的重要方面，这一点必须在教学过程中更有效地体现出来。对此，具有特别重大意义的是，在教学过程中指出这些或那些观点的历史发展情况，阐明认识过程的连续性和无限性，科学上不同意见的争论，认识进程中相对真理和绝对真理相互关系的辩证性，真理的具体性，它对现实条件和现实状况的依存性，找出所研究现象的主要的、本质的东西的必要性等等。这个工作是复杂的、细致的。这在很大程度上取决于教师传授教材的特点，学生独立判断的发展程度，以及他们比较、概括、找重点、查事件原因、证明、论证、依靠所获知识做结论等的能力的培养情况。毫无疑问，在最近的将来，苏联教师将十分重视完成这一最重要的教育任务。

按照苏共第二十五次和第二十六次代表大会的指示，在教学实践中必须十分重视综合地完成教育任务。这首先意味着，每一堂课都要根据专题的可能性，同时兼顾学生的思想政治教育、劳动教育和道德教育。为此，在历史课上，应当广泛地显示共产党在建设社会主义社会中，在创立共产主义的物质技术基础中，在实现我国的文化革命中的作用，阐明苏联共产党同资产阶级意识形态、修正主义、机会主义、教条主义所进行的不调和的斗争。在这些课上，应当表现为社会主义革命胜利而战的勇士、伟大卫国战争的参加者和恢复我国国民经济的建设者的崇高的道德面貌。在这方面，研究列于的著作，以及苏共代表大会和苏共中央全会的材料具有重大的意义。这样的课能对学生起重大的教育作用。

在文学课上，苏联作家的许多作品可以为分析思想政治问题，人的道德形成问题，个人在创造社会物质基础中的作用问题提供很好的素材。而且，从文学形象中可以看出个性在各方面成长的复杂性，以及他们特有的矛盾性。这些文学形象可以吸引学生分析主人公的行为、观点和生活态度，发表个人的见解，并与对文学作品中的主人公形象作不同评价的同学展开争论。这种文学上的争论在教育方面很有价值。通过争论可以培养独立判断，促进观点多样化，磨炼学生本身的道德观点，培养他们走向实际生活，那里，不同性格的人经常要发生冲突，那里，应当善于迅速辨别实际的价值和虚构的价值，良好的行为举止和恶劣的行为举止。在课堂上讨论描述工人阶级和生产集体的生活及劳动的戏剧作品和文学作品是特别有益的，因为其中不仅涉及到劳动和生活问题，也涉及到复杂的道德问题。例如，《炼钢工人》、《奖金》、《反馈联系》等戏剧就是如此。同时兼顾思想道德问题、劳动问题和生产问题，就能特别成功地体现综合进行教育工作的思想。

到了高年级，社会问题的研究范围就更加复杂多样了。应当引导学生分析国际共产主义运动的实践，以及各民族为自己的民族解放、社会进步而斗争的情况。重要的是使学生们能够感觉到我国社会政治生活的脉搏，体会到我们的社会在世界进步中的卓越作用，并且认识到同帝国主义国家的意识形态和政策作斗争的各种复杂情况。这样，他们就会形成积极的政治观点，他们将感到自己同现代革命过程息息相关，憎恨形形色色的压迫者和剥削者，不管他们用什么样的假面具来掩饰自己。

在资产阶级对我国加强广播宣传攻势面前，应当善于针锋相对，用客观的、对社会主义来说是无可否认的论据，来驳斥他们的谰言，指出帝国主义头面人物言词娓娓动听，行动包藏祸心的真相，揭露资产阶级臆造宣传无党性的谬论，使学生能够看穿它的每一举动背后都有以全人类的客观性和正义性为幌子巧妙伪装和掩盖起来的政治目的。如果把整个要点加以概括，那就应当说，教学的教育影响，应当更具有进攻性、党性和说服力。

在讲授社会人文课程，如历史、社会学、文学、苏联国家和法的基础学科时，分析现实生活中各种复杂的和矛盾的情况，具有重大的教育意义。这时，很重要的是不可回避学生特别是高年级学生提出的尖锐问题，而应令人信服地回答这些问题，分析学生周围现实中存在的某些缺点的原因，讨论复杂的国际问题。在讲述学科的有关专题时，企图回避社会发展的现实问题，认为学科所注意的是社会生活已走过的历程，至于今天的问题应当只在会议上、辩论会上或者其他课外活动的会议上进行讨论，那是大错特错的。不，不应当这样做。恰恰是教师的丰富知识，他与学生交往的经验，他在专业上的说服力、证明和论证能力，创造了特别有利的条件，可以在课堂上讨论社会生活中，具体城市、乡村、地区中的尖锐的道德问题、经济问题以及其他问题。在这方面，应当大胆地、经常地在课堂上采用《真理报》、《共青团真理报》等材料。学生应懂得，经济建设、文化建设和居民教育中所发生的问题是很复杂的，多方面的。他们应当看到党、政府、社会团体为克服所存在的缺点而采取的各种措施，应当了解经济建设中所遇到的困难，看清在克服这些困难中的不断进步，并且懂得克服这些困难需要一定的时间和采取一定措施，不可能一下子解决所有问题。因此，很重要的是培养青年对生活中所遇到的不负责任、酗酒、无纪律以及其他非常有害的现象采取不调和的态度。培养青年合理地对待需要是一个很复杂而又十分迫切的问题。社会主义类型的人的最重要的道德特点就在于对社会的要求是合理的、实事求是的。而且厌恶那种损公肥私的现象。应当以统一的观点看待“各尽所能、按需分配”的两个方面。学生应当理解，没有为社会福利而献出自己全部精力的劳动，则全面满足需要是不可能的。只有大家为社会福利而努力工作，才有可能创造出大量的物质财富，以全面满足人的各种需要，这种需要是合理的需要，有助于人的全面发展的需要，而不是无所作为地要求得到社会的财富。这是十分重要而又非常复杂的教育任务，教师务必十分重视，只有这样，才能培养出有责任感、朝气蓬勃、充满创造精神、积极参加共产主义建设的劳动者。

H. K. 克鲁普斯卡娅曾经特别强调指出："应当紧紧抓住整个共产主义教育不放。要与自私的本能、与各种损人利己的行为作斗争；与个人主义、与浸透着资本主义的惟我独尊习气作斗争；要憎恨剥削和压迫；要学会尊重别人的劳动，尊重别人的时间；要学会集体地工作、学习和生活……"①。

培养青年的劳动兴趣和要求在物质生产领域工作是较难解决的问题。在教学的总方针是培养学生继续升学和自学的情况下，务必找出新的办法来加强学生的劳动教育和职业指导。这个问题与高年级学生的关系特别密切。为了培养从事物质生产领域劳动的兴趣，应当善于向他们指出在新企业里劳动的性质，阐明发明创造和合理化建议对现代生产的意义，广阔的文化视野对集体中的交往，以及满足自己在任何企业中的多方面需要的意义。要知道，对劳动感到满意，不仅取决于对一定劳动技能的掌握程度，而且取决于劳动集体中的交往，取决于是否可能合理地、有趣地利用自己的业余时间，全面地发展自己的需要，从事体育运动，阅读活动，以及参加群众性的文化娱乐活动等等。在这方面，应当尽可能地重视学生自己研究、分析自己的能力，这样，才不会按

① 《克鲁普斯卡娅全集》第 3 卷，第 543 页，莫斯科，1959 年。

照时髦或者按照生活享受来选择职业，而是按照学生的潜力和能力，按照该时期社会的需要来选择职业。

因此，在各科教学过程中，在劳动教学进程中，应当坚持不懈地研究学生的兴趣、能力和潜力，以便有分寸地建议他们以最合理的方法来发挥这些能力。教学过程中的职业指导应当愈来愈个别化，而不是只一般地介绍各种职业。应当十分具体地向学生介绍高等教育的有关专业，并在教学过程中对他们进行有区别的教育，以免补课，补课现象对高年级学生的身体健康和工作能力往往产生不良的影响。

为培养学生的主动性和独立性，教师们愈来愈广泛地采用课堂上独立作业的方法。提高课堂上学生独立作业的比重，进行研究性的实验室实验，有助于培养学生具有社会主义个性的宝贵品质，诸如用创造性的态度对待事业，善于合理化地进行劳动等。为了培养学生能够在学习和劳动中表现出顽强精神，教师可以采用学习讨论、相互检查所做作业等方法。在学生的劳动教育中，采用下列方法，如学生参加制作仪器和直观教具，在学生生产队、学生车间承担生产任务等，具有越来越大的意义。为了培养认知兴趣，在课堂上更经常地采用认知性游戏，创造取得学习成功的情境，形象地、艺术地讲述教材，比较科学的事实和日常生活的事实，借助非一般性的实验、图解，创造引人入胜、离奇的情境等等方法。

仅仅依靠发出信息、识记、再现信息以及借助反馈联系检查信息等方法，不可能组织有效的教学过程。学生不是收录和播放声音的机器。学生是具有复杂内心世界的完整的人。所以在教学过程中，需要的并不是汇集使用各种方式和方法，而是有影响的γ射线，它能同时作用于学生的记忆、思维和情感、引起愉快、愤懑、痛苦、惊奇、同情等体验。

课堂教学的教育作用不仅取决于教学方法，而且取决于教学的组织形式。先进的教师善于把全班的、小组的和个别的教学形式结合起来，并考虑到学生的特点这就加强了教学内容对每个学生的教育作用。在这方面，到企业参观，在课上与先进工作者、合理化工作者会晤等教学组织形式具有无可估量的意义。

在艺术美学科目各门学科的教学中，占有重要地位的是培养学生有良好的鉴赏力，能够从思想和高尚道德的角度来评价某件艺术作品或音乐作品，辨别出什么是真正鲜明的、革新的作品，什么是庸俗的、假革新的作品。在这方面，以致培养学生对时装和饰物的鉴赏力都是很重要的。正是由于这些学科没有很好地发挥教育作用，才会出现崇拜各种宗教信条和外国象征派的东西，羡慕奇装异服，喜爱高声怪调的所谓音乐等等现象。

开展体育运动，并且同分组的课外活动或其他形式的课外活动巧妙地结合起来，这对人的全面发展起重大作用。

教师以身作则，他的个性品质是发挥教学的教育作用的强有力手段，因为学生在课堂教学和课外活动中，几乎每日都看到教师的个性品质。学生不仅听到，而且通过自己教师的行为举止看到了正确的东西，就会在他们的头脑中形成深刻的政治信念。学生的共产主义劳动态度，多半是在教师的工作作风——他们的高度责任感，工作中与同事相互帮助，步调一致，高尚的劳动修养的熏陶下形成起来的。学生对教师工作中的形式主义、言行脱节、违反交往礼节等是很敏感的。他们高度评价教师的自我献身、愿为教育和教学尽一切努力等精神。教师行为中的道德作风，外表仪态、衣着，谈吐，以至对缺点的反应，都能对学生起到特别严格的“控制”作用。有经验的教师，一方面既对学生提出严格的要求，不迁就他们工作和行为中的缺点，另一方面，在复杂的情况下又能表现出镇静和忍耐。这样的教师，不会贸然对全班提出批评，不会使这种批评变成令人厌烦的或者非常尖锐的斥责。

一年级有个女学生讲了一句很有趣的话。她在回答老问题“你学得怎样?”时，出乎意料地说“我呀，学习成绩已达‘五’分，可是老师不了解我的水平，只给‘三’分”。以后，教师改变了对这个学生的态度，她的学习成绩也就大大提高了。这个例子再一次令人信服地表明，对待学生，应避免过分表现教师的威力，如尖刻的言语、对学生个性作尖锐的绝对性评价、令人厌烦的斥责等等，这样做是十分重要的。教师真正的技巧是在教学过程中最大限度地发挥个人所具有的禀赋和才干。用形式主义的方法来完成教育任务，必然要降低课堂教学的教育效果。如果教师满怀信心地阐明基本的教育思想和世界观观点，如果学生看到教师的一言一行都体现出这种思想，那么他们就会相信所宣传的东西。如果教师认真考虑并且找到说服学生的方法，找到容易明白的事实、范例和论据，如果他能运用足以感动学生的例子，那就一定可以得到成功。应当更好地在课堂上体现出人道主义精神，纯朴的作风，机敏的手法，有分寸的情感，以及自身处理问题的态度，发挥课堂教学的教育作用。同时，应当设法在课堂教学中不要出现矫揉造作、形式主义、信口雌黄等现象。这样，教育效果就会大大提高。在这方面，非常重要的是鼓励学生作出回答，了解他们接收课的教育思想的程度，他们对这些思想的态度，了解他们的疑难问题(特别是高年级学生)，以便及时提出新的论据，举出更有说服力的事例。必须经常让学生有机会就所讨论的问题发表意见，以便把学生的言论和日常的行为作比较，可及时了解学生没学会的、不理解的地方，这时不可作出粗浅的结论，说他们未达到所提出的要求。这里，特别重要的是要发现初步成绩，看到学生对问题的初步的生动反映，恰当地支持学生努力上进，使他们卸下对所讨论的问题满不在乎的“伪装”。要做到这样，就必须更好地以现代社会心理学为依据，为了更有效地培养人的个性，这门科学，正在对信念问题，对人的意识、意志和情感的影响问题开展更加深入的研究。

为了加强课堂教学的教育作用，教师应当更好地利用生动的、形象的语言条件。语言枯燥无味，表述千篇一律，结论一模一样，教训口吻浓厚，这一切都会降低语言对学生的教育作用。苏共中央《关于进一步改进思想政治教育工作》的决议强调，应坚决克服所有这些缺点。如果不是教师，谁还应当在这方面以身作则呢？正是教师，应当打开学生的心扉，发展他们思维的独立性和创造性，而不要求他们死背公式。然而，在某些课上还可以见到死记硬背现象。为了提高教师语言的教育作用，必须使用教学技术手段，运用比较、类比、对照，利用十分现实的事件作为例子。在这种情况下，激发兴趣的方式对教师是有帮助的，这些方式是以新颖性、学习性争论、直观性、趣味性等心理效果作为依据的。由于采取这些方式，教育思想就会引起学生更加生动的反应，从而产生更有实效的效果。

仅呼吁教师以身作则的重要性当然是不够的。必须进行系统的自我修养和自我教育才能做到这一点。现在，已经出现了各种各样的书籍以探讨教师威信及其形成的条件。如果教师在分析自己的工作时，发现存在一定的困难和缺点，那么，最好能够学习有关的书籍。进马克思列宁主义大学的共产主义教育系学习培训，可得到很多东西。在这方面，莫斯科许多学校的经验值得大力推广，那里正在开展“对每位教师进行高等政治教育”的活动。

教师积极地进行自我教育，这就蕴含着提高教学的教育作用，蕴含着完成共产党向现代学校提出的艰巨任务的巨大潜力。

学校的整个布局，包括设置各学科专用教室，各专用教室备有各科的课外读物、幻灯片和宣传画等都对学生的教育起着不小的作用。建立专用教室时善于考虑学习程度，善于注意课程的主要教育思想都很有教育意义。滥用直观教具对感知反而不利。在专用教室设备方面，黑板的着色方面，遵守工艺美术标准也很重要。

许多学校建立了战斗荣誉和劳动荣誉陈列馆，地方史博物馆等等，这在教学中也起着很大的教育作用。重要的是，应当在实际教学过程中经常运用这些材料，而不是只在个别教育活动中才“露面”。必须使其中的材料在高年级学生的作文和介绍性报告里，以及其他创造性作业里发挥作用。

以综合的观点来对待教学过程中的教育问题，要求对课堂教学在培养学生的思想政治信念、道德品质、劳动技能、美学修养和身体素质方面所起作用作出评价。当然，在课堂教学的教育效率方面要提出严格而明确的标准是很困难的，因为，个性品质不是通过课堂举出的某些事实、例子的影响而迅速形成的。何况教师并不可能迅速“测量”某种个性品质的形成程度。这里，必须首先评价学生接受一堂课或数堂课的教育影响情况。学生的答话，他们的印象、评论和情绪反应，他们对课堂教学内容中的某些成分感兴趣或者不满，学习纪律的自觉程度，对教师的要求和批评的态度(接受意见，努力执行，不接受意见，不愿意执行)，这一切，都应当作为宝贵的信息，从中教师可以看出课堂教学发挥教育作用的情况。

总之，不是依赖某种偶然的教育因素，而是通过整个教学教育过程(包括它的任务、内容、形式和方法、教师个人的影响、教学的物质条件和道德心理条件、检查教学效率的方法和方式等等)，才能保证实现共产主义教育的主要目的——使人得到全面和谐的发展。

第六章　改善促进学生发展的工作

教学最优化要求，在课堂上除了完成教养和教育任务之外，同时还要完成学生心理发展（即使他们的智力、意志、情感、动机等得到发展）的任务。

Л. С. 维果茨基、Л. Б. 艾里康宁、В. В. 达维多夫、Н. А. 缅钦斯卡娅、Н. Ф. 塔雷金娜、П. Я. 加里培林等苏联学者的著作，奠定了发展性教学的科学基础。在 Л. В. 赞科夫的著作中，最具体地表述了发展性教学的各个原则。根据这些原则，教学大纲和教科书都应当考虑以适当的复杂性和难度、较快的速度来学习教材，强调重视理论问题，保证学生能理解学习过程。如果在每个具体场合都能选择适当的难度和适当的教学速度，那么，这些思想就有机地贯穿于教学最优化的一般理论之中。在实施最优化措施的情况下，教学不仅能够促进学生的发展，而且可以为他们所接受，这不会引起负担过重和因而造成学习兴趣下降。教学难度应当处在学生能力的最近发展范围内（维果茨基）。这就是说，在教师的一定帮助下，学生能够完成向他们布置的学习任务。全体教师必须根据这种观点，积极地继续开展工作，贯彻赞科夫所提出的发展性的教学原则，以便更好地完成促进学生发展的任务。①

① 参阅 Ю. К. 巴班斯基：《学习活动的合理组织》，莫斯科，1981 年。

在这些任务中，培养学习认知活动的技能技巧占有特别重要的地位，因为，离开学生学习本身的最优化，教学最优化就是不可思议的。要知道，如果学生不善于合理安排自己的活动，不会独立学习，行动迟缓，一句话，不会最优地安排自己的学习，那么，不管教师的教学安排得如何出色，讲解如何生动直观，都无济于事。

在说明学习活动时，经常使用“行为”、“操作”、“方式”，“技能”、“技巧”等概念。活动是通过一定行为的总和而得到实现的，而行为是具有自觉目的的过程。实现行为的方法称为操作。一定操作的总和可以称为活动方式。自觉地掌握某种活动方式称为技能，技能达到实际可能达到的那种自动化程度就是技巧。如果说，具有技能，人们还不得不对实施的动作及时作自我检查，那么，达到了技巧的程度，人们就不必特意斟酌活动的每个成分，虽然在必要时他也可以从容地这样做。

技能逐渐地变成技巧。这样，就可以说，在教学过程中同时培养某种技能和相应的技巧。例如，可以说，在课堂教学中培养找出要点的技能或者找出要点的技巧，培养自我检查的技能或者自我检查的技巧。也就是说，“技能”和“技巧”这两个术语，所反映的是对一定行为体系的掌握程度。

在掌握一定技巧的基础上，概括性技能更广泛地得到发展。从这个角度来说，技巧就成为更高水平的技能(要比初步技巧所基于的技能高得多)的要素。在教学中，传授各种特别重要的行为(操作、方式)，培养概括性技能是非常重要的。

要合理地组织学习活动，就必须在每个具体场合都选择和运用完成学习任务的最优方案。这就是说，学生不仅应当掌握学习活动的某些技能和技巧，而且要善于从许多活动方法中选择最适合于该情况的方法。例如，他不仅应当提高阅读和书写的速度，而且要善于选择阅读课本、文艺书籍、社会政治书籍的适当速度，以便在阅读时不降低对所掌握的内容的理解程度。在掌握学习最优化的技能方面也是如此。他应当从两种可能的作息方案中，选择一种最符合个人特点的方案，从两种完成家庭作业的顺序方案中，选择一种最符合于本人学习能力的方案，从两种答案提纲方案中，选择一种最适合于该教材内容的方案，从两种解题方案中，选择一种演算次数最少的方案等等。为使学生形成这种技能技巧，每个年级学习每门学科，都必须具有明确的行为大纲。为此，我们把学习活动的基本技能技巧加以分类。这里，我们的出发点是学习活动具有自己的基本结构成分：对活动任务和方法作规划，活动的动机和组织，自我检查。这种分类是这样的(见附表5)。

表中所列的技能和技巧项目不仅符合活动结构，而且符合掌握知识的过程，因为，掌握知识的过程是由接受目的，形成掌握知识的动机，感知(接受、获得、探索)学习信息，理解信息，实际运用所获信息，经常自我检查，巩固，对掌握效果进行总结性的分析等基本成分组成的。我们所列的一般学习技能中，有些技能似乎把若干心理过程融合为一。这样做很有价值，因为在实践中，许多心理过程总是交织在一起，而不是单独地起作用。因此，教师总是难以诊断和发展抽象化、具体化、系统化等过程。可是，他们对下列问题，如“学生会找出要点、重点吗?”“他们会编写答案提纲、作文提纲吗？在编写时犯了哪些错误？”“他们能够参加探讨问题的谈话吗？”“做练习时会自我检查吗？”等等，都能立即作出回答。我们认为其原因就在于，找要点、拟定学习活动提纲等等技能是概括性的、综合性的。例如，专门分析一下找要点、重点的结构，就可看到，分析材料、比较材料的各个组成部分、综合、找出本质特征、抽象化，具体化，概括等都融合在一起。但是，所有这些过程是密集地、紧凑地进行的。采用这样的方法，在教学论和教学法中是完全可以接受的，教学论和教学法的使命就在于探索最优的、师生都可接受的有效工作方式。

多年以来，我国的许多学校一直在努力完成“教会学生学习”的任务。然而，这一工作的结果目前还不能令人满意。还有许多学生没有掌握各种特别重要的一般学习技能技巧。出现这种现象的原因之一，是在基本的教学大纲中没有明确反映出对学习活动技巧的要求。现在，大家都在一定程度上努力克服这一缺点，对学习活动技巧提出具体要求。例如，按照这些要求，一年级学生应当学会阅读，了解阅读和使用书籍的基本卫生准则。他们应当掌握从黑板上和课本中抄下课文的技能。学会听写含有 30 ~ 40 个词的课文。到年终，阅读速度达到每分钟约 40 个词。二年级学生应当掌握正确的、有理解的、有表情的朗读技能，能读出许多完整的词。要学会找出故事内容中的要点，在教师指导下拟出短文章的提纲。第二学年年终时，学生应当按照教师提出的提纲会写 60 ~ 70 个词的复述文，每分钟能阅读 70 ~ 80 个词。到三年级，学生应当学会流利地、有理解地、正确地、有表情地朗读，拟订读书提纲，以及使用各种简易手册，学会利用儿童图书馆的图书目录选择读物的技巧，听写含有 75 ~ 80 个词的课文，并按自编提纲作 90 ~ 100 个词的复述，到年终，阅读速度应达到每分钟 90 个词。

在低年级里，学生对合理的作息制度，学校和家庭中学习地点的卫生，身体锻炼，饮食制度，学习活动和休息交替，做作业(口头作业和书面作业，简单作业和复杂作业等)的最有效顺序等问题，都要有初步的认识。

在中年级和高年级，教育内容的分量大大增加，难度也大大提高，这就需要更复杂的学习活动技巧和技能。这里，文学特别重要。在四到五年级，学生应当学会拟订短诗的提纲，以及口头发言和书面发言提纲，学会口头评述自己读过的文学作品，能够运用文选参考资料、判明现象之间的时间联系和因果联系、找出作比较的例子等等。

在以后的较高年级里，这些技能继续提高，同时增加新技能。在六年级，要学会编写自己口头发言和书面发言的复杂提纲；在七年级能够对文学作品和绘画作出评论；在八年级要学会编写社会政治文章和文艺评论文章的提纲和概要，准备文学专题的报告或介绍性报告；在九年级和十年级，学生应当学会写政治性文章，编写有关列宁的论文和文艺评论文章的提纲或概要，根据某些文献资料写出报告和介绍性报告。

历史课的教学大纲有这样的任务：四年级，学会找出故事的主要思想和基本事实，编写故事的简单提纲，找出教科书所作结论并用例子证实这些结论。五年级，学会分析事件，找出事件的主要原因，编写简单提纲，在分析、概括、比较事实的基础上独立地表述不复杂的结论，带着课本的问题学习。六年级，继续巩固和培养上述技能，并有所提高。其中，要求能根据若干要点及其下面划分的要点编写复杂的提纲，口头评论同学的回答。六年级*，要特别注意培养分析和概括能力，能够查明现象的前因后果，比较某些历史过程，无须教师先在课堂上作讲述就能独立地钻研大纲中的某些问题。八年级，学习近代史时，除了提高上述技能外，还要教会学生写提纲笔记，准备报告，评论文献资料，运用参考文献。九年级，学习近代史(第二阶段)时，要求学习活动的技巧更高。应当教会学生独立地确定现象和事件的原因，独立地学习马克思列宁主义经典作家的著作以及党和政府的文件，制作正文用的附表、曲线图、示意图，写问题纲要笔记等等。十年级，学习苏联史时，应当教会学生自如地运用分析、比较、概括、归纳、演绎、证明等方法，能够依靠某些文献资料完成认知任务，能够找出问题，并说明解决问题的方法，能够提出假说，善于利用各种词典和手册，会运用科学辅助资料等。

由此可见，中等学校的多数教学大纲，都全面地规定了学生必须形成的一般学习技能技巧。把这些要求综合起来，就可以成为培养学生具有“合理学习技能”的特殊的带有国家规定性质的大纲。

保证这种工作在低年级、中年级和高年级中的衔接性，具有重大的原则意义。

必须强调指出，如果没有激发学生本身的积极性，教师的任何努力都不可能得到预期的效果。因此，在掌握我们所

*原文六年级，疑为七年级之误。——译注

关注的技能技巧时，务必保证学生实现下列各个活动环节：

——接受所要求的掌握有关技能技巧的任务；

——理解掌握技巧的必要性，形成活动动机；

——掌握技巧的内容，掌握获得技巧的必要行为和操作的顺序及性质；

——完成训练技巧的实际行为、操作和练习；

——对掌握技巧的程度进行经常的自我检查；

——对技巧训练作校正；

——在典型情况下运用技能和技巧；

——在特殊情况下运用技能和技巧；

——通过把技巧运用于日常的实际活动，使技巧水平提高和进一步自动化。

学生的这些活动在开始阶段反映了教师的组织影响，以后，学生便自己提出任务，自己解决出现的问题，形成合理组织自己学习活动的技能。

下面我们更详细地说明上述某些学习活动技能的培养方式。

拟定学习活动任务的技能

专门的心理学研究令人信服地证明，人们会更积极地更快地实现已明确的目的。在这种情况下，效果就会更高，质量也会更好。更有趣的是，在目的明确、行动有方向的场合，人们只用较少的时间和精力就取得较大的成就。正因如此，拟定目的是学习活动最优化的重要方式。相反，目的不够清楚，任务不明确，就会压制积极性，束缚人们的行动，从而使人们疲于奔命，这是不足为奇的。M. Ю. 莱蒙托夫对此作了很精彩的描述：“道路平坦而无目的，生活就会令人忧虑”。

学习活动与艺术有很多类似的地方。卓越的戏剧家K. C. 斯坦尼斯拉夫斯基、Г. C. 乌兰诺娃等人并非出于偶然地教育演员永远要认清自己舞台动作的任务和最高任务。同样，教师和学生也应认清自己工作的任务和最高任务。先进教师的经验证明，教师一开始就应当明确地考虑和提出课堂教学的任务，用A. C. 马卡连柯的话说，就是应当规定课堂教学的近期安排(一堂课的任务)、中期安排(学习教程的整个专题或节的任务)和远期安排(整个学科的任务)。例如，罗斯托夫省塔岭斯克学校教师Б. В. 波鲁博亚罗夫拟定了每个专题的各项基本任务。他把这些任务写在挂图上，并在讲授有关专题时使用。这里主要的当然不在于挂图，而在于找出并向学生提出任务，教他们学会明确自己活动的目的，并评价目的达到的程度。阿克秋宾斯克第十七学校语文教师M X 巴里扬宾娜在讲解开始时，要求学生注意听清任务，在课堂教学过程中要求学生记住这些任务，在课结束时，要求他们评价这些任务完成得怎样。虽然这种工作方式不是新创举，但是直到现在还很少得到运用，因为教师往往低估学生的能力，以为认清任务只有成人才能做到。然而，许多教师的工作实践说明，如果善于运用这种方式，学生就能顺利地了解课堂教学任务的实质，并在课终后有趣地分析任务的完成情况。另一方面，如果夸大学生在拟定目的方面的能力，那也是错误的。因此，应当从各种任务中突出最重要的任务，并寻求最便于接受的形式把它们表述出来，不因此加重学生的负担，不人为地使这一过程复杂化。至于课的基本教育任务，最好是间接地指出：不要直接说“我想培养你们具有什么什么品质”。这里最好是说明在该课时间内应当掌握的主要世界观观点，以及主要的政治、道德等观点。

拟定目的的技能是在整个教学阶段内逐步形成的。但是，如果在低年级可以说只能形成初步技能，在中年级能够较广泛地运用这种工作方式，那么，到高年级，学生不仅应当理解学习任务，而且应当独立地规划学习任务。物理、化学和其他学科的实验室实习课，如能改进所运用的操作规程，明确规定实习任务，那就可能大大促进这种技能的培养。同样，在学生生产队、教学车间、教学联合生产企业，以及其他劳动教学单位劳动时，也需改进其操作任务。

要求学生按照课本中专题或章节的标题，和每节后面考查题的内容，独立地表述课的任务，是做这种练习的更高阶段。这时，最好能组织集体讨论某些学生拟定的任务。

在做家庭作业时，特别是进行实验和观察时，可以逐步教学生提出任务。为了更有效地培养学生理解学习活动任务的技能，在讲授新专题进程中，应当对所提出的任务作周期性研究，根据完成任务的情况，分阶段作出结论或小结。

最后，不能忘记必须系统地检查这一工作的效率。为此，建议课堂上检查家庭作业时，询问学生在做家庭作业时完成了哪些任务。在实验报告中，最好要求学生归纳出已经完成的学习—研究任务。

为培养理解自己活动目的和任务的技能，应挑选能顺利达到这个目的的专题或课来进行，并且遵循最优化原则：以较少的特别重要的练习，取得较大的效果。要在许多课上分析所要完成的教学任务简直是不可能的，因为，大纲规定的教材内容复杂，分量又多。实际上，也没有必要这样做，因为，只要进行若干次较好的练习，经常给予鼓励和检查，就有可能较快地把理解任务变成一种良好的习惯。做到这一点，对掌握其他的许多一般学习技能会有良好的影响。

形成学习动机

大家知道，任何活动(其中包括学习活动)的成就，在很大程度上取决于具有积极的学习动机。

人生来就具有好问“为什么?”这样无条件的定向反射。“为什么”问个不停的小家伙，以及一年级的学生，特别明显地表现出这种特点。教师的任务是在整个学校教学期间，创造最良好的条件来维护人所特有的这种好奇心，不仅不可摧残它，而且应当以新的动机，即从教学内容、认知活动的组织形式和方法以及与学生的交往方式产生出来的动机来充实它。学习动机的形成，并非是一种自发产生的过程。如果仅仅把它看做是天赋的素质，那就是轻率的、没有远见的看法。动机应当专门地加以培养、予以激发，尤其重要的是教育学生“自己激发”自己的动机。

学习动机是多种多样的，其中可分为两大类：认知兴趣动机，学习义务感及责任感动机。认知兴趣动机较具体地表现在，譬如说，学生渴求很急需的内容，或内容中有一些引人入胜的、不平常的和离奇的东西。他们特别向往认知性游戏、学习讨论、争论及其他可激发学习的方法。义务感和责任感动机，首先同明确学习的社会意义，即同明确学习是苏联学生的爱国主义义务联系在一起，同具有自觉的学习纪律，乐于执行教师、父母、学生积极分子的要求，尊重班级舆论等密切相关。

积极动机的形成首先是教师激励的结果。特别是初等学校的学生更是如此，他们对学习的自我激励能力是很有限的。但是，随着这种能力的增长，特别是在中年级阶段，必须积极地诱导学生进行自我教育，自己培养积极的学习动机。

在开始培养学习动机时，必须了解学习动机的现有水平和状况。在这方面，初等学校具有特别有利的条件。这里，学生们的言论、判断，以及回答常交往的教师的问题都很坦率。可能会有这种情况，即学生的学习动机主要是害怕教师和父母的责备，害怕不及格或者低分。还有另一种情况，即动机仅来自情境的趣味性，由于当时所举例子、事实和问题在内容上引人入胜、离奇和非凡，从而产生兴趣。有经验的教师，在同某些学生进行坦率的信守秘密的谈话时，不难发现有虚荣心和其他不正确的学习动机。这样就产生了问题：究竟应当怎样做才能改变上述的各种动机，而代之以积极的动机呢？存在消极的学习动机本身并不意味着缺乏积极的动机。积极的动机是每个学生都有的，只是程度不同而已。但是，由于各种原因，这些动机被抑制了，需要排除抑制它的原因和事实，使它解放出来。为此，必须分析各种积极动机的形成程度，特别是分析它们的具体因素，以便发现消极动机比积极动机占优势的主要原因究竟在哪里。

在详细研究学生的学习动机过程中，最好能查明：

——学生是否认识到学习对社会和个人都有重要意义？

——学生如何理解学习的必要性，是把学习看做是社会的义务，还是仅把学习看做是个人准备升上大学的需要？

——他究竟是力求获得深刻而牢固的知识，还是主要只为取得高分？

——他究竟是认识到知识缺陷越积越多的危险性，还是只怕获得低分？

——他如何对待教师和父母的要求（持积极态度还是消极态度）？是否懂得这些要求对自己有好处？

——他能否使自己相信这些要求有好处？

——他能否抑制不良的动机，还是只能听之任之？

——他能否把兴趣动机和义务感动机合理地结合起来？他究竟是积极学习任何教材，还是只学习特别感兴趣的教材？

——哪些兴趣占主要地位：好奇心，求知欲，还是对整个知识的认知兴趣？

了解学生的学习动机，教师就能及时向他指出，最近期间应当努力克服哪些缺点。要知道，有许多学生根本没有考虑过这个问题，只要提醒他们注意这个问题，他们就会不知不觉地开始自我教育，即使采用的是最简单的形式。另一些学生需要向他们指出自我培养学习动机的可行方式。第三种学生则需要对他们的自我教育过程进行更细致、更系统的检查，需要高年级学生和本班同学给予经常的帮助。如果教师发现学生在义务感动机方面培养得不够，那么，就应当采取措施，向学生阐明学习的社会意义，还要教育学生在学习具体学科和专题时能自己认清其社会意义，并且搜集有说服力的例子，阐明教养对科技进步的意义，对促进生产自动化、机械化和提高劳动生产率的意义，以及对我国的社会进步和文化进步的意义。同时，教师还要教育学生认识学习对本身的意义——学习该科对培养他的爱好、能力，职业定向和引导本人去认真掌握感兴趣的专业有什么好处。应当帮助学生理解学习对准备进行文化领域和劳动集体中的交往，对满足创造性探索(设计、合理化活动、艺术创作等)的意义。这一切能使学生养成自我激励的习惯："这是社会所需要的，我是社会的一个成员，所以也是我所需要的，我一定要积极地学习!"这样一来，"课题就征服了学生"。他们也就形成了一种能力，能够从新的课题内容中找到推动力量，推动他们从内容的迫切性、新颖性和重要性出发，进行积极的学习。

然而，远非各种活动都是引人入胜、津津有味、饶有趣味的，因而并非都能自动地引起儿童的积极动机。学习上有许多事情是平凡的，有时甚至是单调的、枯燥的。这时怎样培养积极的活动动机呢？在这种情况下，应当发挥作用的是意志动机——自我命令，自我促进，自我开导，就是说，即使没有兴趣的作业，困难的作业，意义不大的作业，也必须下决心做好。这时，当然要以义务感、责任感和自觉纪律作为动力的源泉。学习纪律和意志力的自我培养与"抗干扰能力"的培养是分不开的，就是说要强迫自己聚精会神地完成"不听从摆布"的作业。教师方面明确提出要求，保证要求一致，打分合情合理，也有重大的意义。

合理的奖励制度也值得重视。

回答时给予表扬，在教室日志和成绩登记表上写下表扬的评语，社会性知识评比，通过向列宁汇报的方式集体讨论完成学习义务的情况，这一切，都有助于形成有社会意义的动机，这些动机在整个学习动机中起着特别重要的作用。

这里再一次提醒大家，在教学过程中，要求和鼓励的运用必须适当，因为失去分寸，就不可避免地要出现两种情况，一种是惊慌、恐惧、经常准备受处分的心理，另一种是由于过分表扬，形成了虚荣心，经常处于紧张状态，使神经系统疲惫不堪。

上面我们指出了形成学生积极动机的一些基本工作方法。我们讨论的主要目的在于强调必须从外部刺激转到学生内在动机的自我培养。这里，善于把决定学习目的和形成学习动机结合起来，具有特别重要的意义。学生，特别是高年级学生在考虑自己家里和课堂上的活动任务时，已经形成了自己的活动动机。学生们如果看到教师、家长、学生积极分子关心他们动机的自我培养，在困难时得到这些人的帮助，这些人为他们创造“成功的情境”，那么，学生们就会更加积极地进行自我培养。

顿涅茨克第二学校物理教师 Б.И.杰克住列夫，在激励和形成学生的学习动机方面，做了大量的工作。他没有一堂课不考虑“动机的保证作用”。他系统地研究了学生的兴趣和学习动机，并且考虑每个班级的典型情况，改变教学方法和组织形式，一方面，力求依靠积极的动机，另一方面，又力求消除消极动机的作用。近年来，他特别积极地从事这方面的研究。1975 年他进行了一项研究，研究学生在课堂上过分疲劳的原因，结果表明，有 58.7% 升入他教的高年级的学生，过度疲劳的基本原因是学习缺乏兴致，课堂的教学形式不能引起兴趣。下表就是所概括的分析结果：

顺序＼项目	课堂上什么原因使你最疲劳	回答的数量统计	
		人数	%
1	学习作业负担过重	53	10.08
2	无法尽全力地学习	116	22.05
3	学习缺乏兴致(课堂教学形式不能引起兴趣)	309	58.75
4	对教材不理解	28	5.32
5	小环境的干扰	20	3.8
学生总数		526	100

在问卷中，学生写道："……经常坐着没事干是很难受的。整堂课塞满有趣的作业也很疲劳。但这种疲劳是愉快的。"

这一切，使探索促进学生形成学习动机的方式更加积极起来。Б.И.杰格佳列夫开始采用多种多样的教学方法，因为方法的变换可以拨动学生兴趣之弦。他在教学中情绪十分高涨，经常率先介绍科学新事物，举行好学者竞赛会，物理维多利亚游戏(参加者应回答一个总题目中的许多问题——译注)，最新科学成就评论会，学习辩论会，经常组织回答有趣问题的活动，力求指明科学的未来。他不怕学生在这方面的负担过重，因为，有趣的作业会使学生精力旺盛，不会引起过度疲劳。在他的课上，可以看到参观生产的录像，可以看到编码显示器的大量有趣的图解说明(使用他编制的连续底片并用编码器自动控制)。这里，特别令人信服地表现出一条未成文的教育规律：教师的兴致必须转化为学生的兴致。

杰格佳列夫高度评价教育伦理学。在同我们交谈时，他作了这样的说明：“在生活突飞猛进的时代里，在信息的洪流中，在现代技术装备的情况下，在当前学习负担的状态下，如果没有掌握适度，没有教师的深情厚谊，没有在班上创造舒适的心理环境，那么，学生的心理就可能支持不住”。他的课就体现了这种精神。不仅如此，就连组织实验小组，他也考虑到学生心理上的融洽。

如果把上述内容扼要地概括一下，那么可以说，使学生实现自我促进学习的过程，就必须：

——使学生明确学习是一种社会义务；

——认清学科和所研究问题的理论意义和实践意义；

——认清整个学习和该科学习对发展自己能力和培养职业志向的意义，或者反过来说，对有目的地消除某些不良因素的意义，这些因素会阻碍他充分发挥自己的实际学习能力；

——力求不仅掌握最有趣的、生动鲜明的、引人入胜的、津津有味的知识，而且掌握所有教养内容；

——培养服从自己下达的命令的能力，能够用意志力推动学习，既能克服各种诱惑、嗜好和分心，又能进行自我训练；

——不断克服学习上的困难，从而体验愉快的心情；

——力求认识和理解执行教师、父母、班集体等的要求对自己的益处，并体验和珍视这种益处；

——自觉抑制在回答、测验或者考查时的恐惧感。利用各种方式安慰自己，增强自己的信心；

——只要发现在行为中和学习态度方面有爱虚荣的表

现，更不用说教师、父母或者同学恰当地指出这一点，就应予以克服。

这一切说明，形成学习动机和激励自己学习是一个很复杂的过程，这个过程需要纳入教育管理的范围，并且进行耐心的教育。

使用书籍和其他参考资料

使用书籍是用途很广的学习技能。这种技能的培养，在家庭和幼儿园里就已开始，只有到了小学，才特别积极地进行。

首先，应当教育儿童爱护书籍。甚至是向他们提出最简单的建议，如用纸包书；读书前要洗手；不要折书；不要摺角；不要在书上题注和打记号；不要在插图上乱涂颜色；不要用湿手指翻书页等等，都是有好处的。

对小读者来说，提出下列指示也不是多余的：按所推荐的目录挑选书籍，去参观图书馆，了解使用图书规则，遵守这些规则。必须记住，躺着看书，在暗处或光线不足的地方看书都是很有害的。应当把桌灯放好，以免阴影遮住要读的书页。读书时，先看一下封面、封里，了解一下作者姓名和书名，然后阅读简介和序言，了解目录。接着，就要专心阅读，认真思考，不要囫囵吞枣，可请教年纪比自己大的人，或借助词典弄清生词的意义，要认真看图，能简短地向父母或同学转述所读书籍的基本内容。做简单的读书日记，写下作者、书名，并从中记下特别有益的见解。

信息爆炸是文化发展现阶段的特点，在这种情况下，特别重要的是要熟悉查阅图书目录的规则。按照教学大纲规定，这一工作应当从小学做起。现在，许多学校的教师，用简单易懂的谈话，说明图书目录的用途，图书目录索引的各种形式，整理图书目录卡和订书方式。在以后的几个年级，应当详细向学生介绍各种目录：按字母顺序排列的目录、专题目录、学科目录、期刊目录等，还要向他们介绍各种手册，各种通俗性的图书目录刊物，以及各种新式的图书资料检索工具，包括借助电子计算机的自动化文献资料检索工具，这种工具已在某些城市使用。

在课外活动时，可以向学生介绍国内外社会科学专业、自然科学和数学专业以及技术专业信息服务情况。

使用书籍十分重要，而培养使用标准教科书的技能则又居其首。因此，必须强调培养学生重视教科书，因为，教科书是精选的科学知识资料，汇集了最重要的思想、基本的练习和考查性作业。遗憾的是，还常常可以遇到这样的教师，他们在某种程度上不够重视在课堂上运用教科书，有时对教科书还持消极态度，认为教科书有这种或那种缺点，用自编教案取代教科书的正文。现在，特别是在年轻教师中，还流传着一种观点：按照教科书的逻辑复述教材，意味着向学生表明自己学识不够。

在讲述和巩固教材时，要求学生不使用教科书，几乎成为一种普遍的现象。我们认为，这是对教科书的教学作用估计不足的表现。分析先进教师的工作经验表明，对使用教科书问题，应当采取另一种原则立场。这就是说，教科书不仅是做家庭作业的参考书，而且是班级在课堂教学各个阶段的学习材料。教科书的正文应当作为教材，首先可按照其逻辑展开谈话，讨论问题，分析某些原理和结论，分析表格、图表、图样等。当然，不应当只是机械地重复教科书的正文，而应当补充新例子，新的科学材料和生活事实，当地的材料，补充性练习，考查性问题等。这样来使用教科书，一方面，学生们将看到教师的创造性劳动，另方面，他们也会认识到在阐述专题时保持教科书的主要逻辑是很重要的，这样做，有助于完成家庭作业，而且可以消除教师讲述逻辑与教科书专题叙述逻辑之间可能发生的矛盾。这样做，最终就可以消除人为的学生负担过重现象。

当然，这决不是主张崇拜教科书正文，而是要克服不够重视教科书的现象，因为这种现象有碍于培养学生使用书籍的技能。在我们看来，值得大力推广基辅第五十一学校所积累的使用教科书的经验。他们首先教学生按照目录找出所要读的课文，并教他们阅读时要注意找出主要思想和记住它们，特别是关于定义、结论、概要方面。他们要求学生务必回答每节最后提出的考查题。此外，他们还建议在第一遍浏览课文之后立即看看这些问题，以便在第二遍阅读时迅速从课文中找出这些问题的答案。这种把注意力集中在要点上的好方法，还可以带着问题进行阅读。教师还利用明确划分出一定章节、提纲、结论的课文，训练学生编写简单的和复杂的提纲，包括课堂上的回答提纲。在低年级学生阅读教科书时，教师应要求他们不放过图解、图表和参考要点，因为这些东西把课文的基本思想具体化，有助于学生更好地理解和更牢固地识记课文，避免死记硬背定义和结论。在这个学校的教学法资料陈列室里，存放着教师们的报告，在这些报告中，教师们总结了培养学生使用教科书的技巧的经验。按照四年级数学教师们的意见，他们利用“方程”这个专题来训练学生合理地编写提纲的做法很成功。这里明确地突出提纲的要点：方程，方程的根和解方程的多种方法。在训练编写这种提纲之后，建议学生独立地编写下一节“不等式”的提纲。

在学习“角的种类”这个专题时，训练学生编写教师讲过的课文概要，这种概要的编写要采用图解的形式，并在其中注明角的符号。在学习“乘法定律”专题时，教师把加法定律同相应的乘法定律排在一起，对乘法定律同加法定律作比较。这一练习结束时，就“预告”：你们很快就会懂得第三个乘法定律。这引起了学生对新专题的极大兴趣。教师们还从教科书中选出可供学生独立学习的一些章节。例如，第72节“算术的平均数”就是这样。这里，建议学生根据少先队小队收集废料解应用题，独立地拟定解题的可能步骤，然后看这一节内容，这就可以带着预先的思考题，独立地学习课本内容。这种教学方案，概括了数学教师的教学经验，其可贵之处在于，完整地分析了利用教科书来培养拟定计划、自我检查、编写提纲等一般学习技能技巧的能力，以及独立学习新教材的能力，也就是说，不是简单地提供个别的范例，而是揭示充分利用教科书的前景。

这里，还要进行专门的工作来培养学生使用各种参考书和工具书。近年来，为学生出版了《儿童百科全书》，小学生用的两卷本百科全书《这是什么？这是谁？》，参考书《从A到Я》，词典《少年物理学家》、《少年运动员》、《少年技术员》。还有各种词典，包括正字法字典、注解字典、同义词词典、外来语字典、通俗字典、政治词典、哲学词典等等早已出版。逐步向学生介绍适合其年龄阅读的书籍。必须指出，目前有些学校，在学习教材时，很少在课上做这种工作，更不必说在独立作业和提问过程了。在某些学校里，有些教师甚至原则上不同意这样做。这里需要从一定的心理角度去改变一些看法，要改变考查的性质，把重点转移到查明学生对现象和概念的本质、意义、逻辑，以及它们的比较、概括、分类、系统化等等的理解程度上。

写读书提纲和笔记，是使用书籍的一个特殊方面。在训练编写提纲时，莫斯科第六百五十四学校的教师强调指出，详细提纲(тезис)与一般提纲(план)不同，详细提纲不仅指出，而且转述教科书某一节或者整本书内容中的基本思想，扼要地、精确地、明确地论证和证明这些基本思想。当然，编写详细提纲技能的培养不是一蹴而就的。必须进行多次的训练，各科(文学、历史、社会学等)教师都要进行这种训练。

在高年级，要重视阅读政治和科学的原始文献资料，阅读马克思列宁主义经典作家的著作，要重视学习列宁所特有的使用书籍的方法。共青团中央委员会学校青年部，在所制定的《学会学习》小组大纲中，就此问题提出了宝贵的意见。这个提纲中有一编的标题是《学习列宁思想的方法》，在这一编中列举了应当向高年级学生介绍的问题有：怎样阅读列宁的著作，列宁的论述风格特点、作者的书法字体，克鲁普斯卡娅论学习列宁主义，列宁如何研究马克思的著作，供普通中学、中等职业技术学校、中等专业学校学生阅读的《列宁文选》介绍(包括内容、结构、参考资料)，组织独立学习“文选”的方法。

还有：在学习中如何运用《列宁全集》；各卷本参考手册，索引的种类；目录索引的使用方法。

还要介绍：怎样着手学习列宁的著作：编写关于作品写作条件的历史调查材料；收集学习文献和参考文献。

还应介绍：学习列宁思想的方法；确定著作的基本思想，建立论证这些思想的体系；各种结论，理解这些思想在具体历史条件下和现代条件下的意义；在党的文件中列宁原理的发展；在理解列宁著作的思想时运用历史调查材料。

同时还应介绍："掌握列宁著作的方式；运用参考文献资料；阅读须知；收集文献资料以供摘录；引证技术；编写纲要；用提纲表述结论；编写列宁著作概要"①。上述《学会学习》的小组大纲对教师，特别是历史和社会学等科的教师有很大的帮助。所以得到全体教师和学校领导人的好评。

教学影片，如荣获全苏教学影片电影节一等奖的《面对翻开的列宁巨著》等教育影片，对培养学生学习教科书和卓越科学家著作的技巧能起促进作用。供教师用的影片已开始拍制，这是关于完成一定教学教育任务的影片。例如，在《教育情境》这部影片中显示了若干生动的教学教育情景，镜头取自各科的课堂教学，可以让教师评价所选教学和教育方法是否正确，让学生评价自己的活动。这种影片，是进行"实际教育表演"的特殊手段，有助于探索最有效的捷径来完成一定的教学教育任务。这样的影片可以帮助教师和学生搞好教学过程最优化。

无线电广播和电视，在一定条件下，可以成为教学信息

① 《学生的教育》，第6期，第45~46页，1979年。

的重要来源，这就需要向学生介绍其节目内容，并且定期讨论下列广播节目的片断：如《时间》、《电影游览俱乐部》、《我喜爱的书》、《广播阿姨》、《在林间小路上》、《学生文艺广播节目》、《显然的与不可思议的》、《我想了解一切》、《在词的世界里》、《著名船长俱乐部》等。

现在已经有可能让学生在课后和长日班中自行观看教学影片和幻灯片，听录音，使用教学辅导机器等，以积极培养学生掌握信息的技能。为了使这些东西从演示手段逐步变成供学生个别使用的工具，应当努力建立相应的物质基础。为此，应当大力发展和利用附设于区教学法研究室的“教育服务”站。

阅读和书写的速度

感知教学信息的快慢，在很大程度上取决于阅读速度。有理解的快速阅读会强化思维的过程，提高它的效率。它不必去感觉每一个音符，就可以看清和理解原文，这有助于找出原文的主要思想，因为实际上同时感知好几个词，就有可能迅速加以比较并找出最重要的东西。以最优的速度进行阅读，不能认为是肤浅的阅读，因为，它并不降低理解原文的可能性，而是更强化这种理解。最优的阅读速度在大纲中有规定。一年级学生到年终每分钟要达 40 个词；二年级每分钟 70 ~ 80 个词；三年级每分钟 90 个词。对四到十年级学生也规定了阅读的标准量：四年级每分钟 100 个词；五年级每分钟 110 个词；六年级每分钟 110 ~ 120 个词；七年级每分钟 120 ~ 130 个词；八年级每分钟 140 个词；九年级每分钟

150～160个词；十年级每分钟160～180个词。

学生的书写速度也会加速掌握信息的过程，因为，有理解地迅速书写原文，原文的纲要、结论提纲和概要，可以促进运动方式和视觉方式的识记，有助于以后迅速复现最重要的成分。我们所进行的研究表明，阅读和书写的速度缓慢是学生学习落后的普遍原因之一。例如，在顿河岸罗斯托夫市的某些学校里，我们发现，四到六年级学习成绩不良的学生，抄写50个词的课文，平均用6分钟以上，而学习成绩优良的学生只用4分钟左右。前者的阅读速度比后者几乎慢一半。读写缓慢不能保证学习的高质量，因为，差生在抄写上所出的错误几乎多两倍，在阅读上则多一倍。

近年来，我国许多学校开始重视提高阅读和书写速度。特别是哈尔科夫市的许多学校，在哈尔科夫省教师进修学院的积极协助下，开展了大量的工作。这里，许多教师测试了某些班级的阅读速度(每分钟读多少词，包括前置词)，并向那些阅读慢的学生提出了提高阅读速度的任务。教师向小学生建议，阅读时要避免眼球往返转动，要力求很快地抓住一小段文字的含义，而不要采取一看再看的办法。建议他们阅读时不要动嘴唇，不要读出声，而是默读。为使学生不读出声，建议他们用铅笔敲打一定的节拍，如有必要，还可向小学生建议把手指按在唇边或者用嘴唇轻轻压住舌头。每次都以新课文进行阅读速度的训练，这样，就避免凭着记忆作朗读。在低年级，阅读之前，先进行呼吸训练(快吸慢呼)，并利用绕口令作练习。阅读时要求学生不要按字母作认读，而要整个词和整个词组地读，要发展学生的外围视觉，能够看清相邻的词，准备迅速地感知它们。为了扩大视域，用苏里杰表(Таблица Щульте)进行练习，这种表的大小为20厘米见方，画25个方格，在方格里随意写上1～25的数码。学生应当看着表的中心，并按顺序找出所有数码，而且不能超过20秒。这样做可以发展观看整页的能力。

为了加快阅读，还可以利用И.Т.费多连科设计的分行阅读器(строкоскоп)。有经验的教师特别善于引导学生注意引导性词语(слово－ориентир)，以便预先估计将出现的有价值的、重要的信息。如果在文中出现“由此可见”、“因此”、“因为”、“可见”、“原因在于”诸如此类的词语或词组，那么，这就说明某见解很重要；如果出现“这样”、“作出结论”、“综上所述”、“总之”、“结果”等词语，那就是准备表述结论；如果出现“但是”、“然而”、“虽然”、“相反”、“同时”、“另一方面”等词语，那就是要学生注意思路的改变。也要教学生根据领会所读课文含义，预先想到下面将出现的词。要做到这一点，就要练习在规定的一段时间内有理解地阅读课文，还要利用比平时快得多的速度进行“强制”阅读。

必须指出，应当鼓励快速阅读的不是教科书的基本课文，或者原始资料，而是补充章节的课文、历史评论材料、科普读物、报刊文章等。也不应当建议把文艺作品作为训练快速阅读方法的材料，这些作品需要慢慢领会，同时要作思考、想像和欣赏。

在训练快速阅读方面，教师常常利用下列书籍：О.А.库兹涅佐夫、Л.Н.赫罗莫夫的《快速阅读的技术》(莫斯科，1977年)；И.Т.费多连柯的《培养学生掌握知识》(基辅，1980年)；С.И.波瓦林的《怎样读书》(莫斯科，1976年)；

也利用《每分钟1000个词》的材料(《新闻记者》，1973年第10~12期；1974年，第1~5期)。

领会学习材料的快慢，在很大程度上，取决于书面记录材料的速度。我国许多学校的教师，特别是哈尔科夫市许多学校的教师，为了提高学生的书写速度，采用下列的工作方式：

——向学生说明快速书写的意义，说明这有助于抓住意义、找出要点，并腾出时间检查书写是否正确；

——建议小学生快速连写字母 ОМ、ОЛ、ОЧ、ЩЕ，快速书写字母 Б、Х、Ж、Ф；

——运用下列类型的练习：在规定的一段时间内，从所熟悉的一首诗中写下尽量多的词；

——布置在10分钟内抄下一段课文(要工整无误)的作业，以巩固书写速度、理解力和准确性的一致；

——在低年级劳动课上，利用捏橡皮泥作业来锻炼手指肌肉，在体育课上锻炼手腕。建议在做家庭作业时也进行这种练习；

——布置抄写课文的家庭作业，同时要求自己记录所用时间；

——在每一学季末，测试书写的速度，并记在专门的表上，向学生和家长介绍测试情况，便于家长帮助儿童，特别是幼年儿童弥补书写技巧上的缺陷；

——把培养阅读速度和书写速度结合起来，提高学生的能力，使他们能够在规定的时间内完成家庭作业。

聚精会神地听教师讲解和积极地领会教学信息的技能

分析教学实践，就可以找出某些典型的缺点，这些缺点妨碍学生聚精会神地听教师讲解。首先是没有把注意力集中在主要问题上，违反叙述的逻辑，缺乏深思熟虑的、明确的、解释一致的概括和结论。很少运用艺术的、形象的方式，以致降低了讲述的情感色彩。教师不善于保证良好的课堂纪律，有时也妨碍学生聚精会神地领会教材。在回答“什么东西妨碍你顺利地学习”时，许多学生坦率地写出了这一点。维护学习纪律，这不仅是教育问题，而且是教学问题。优秀的教育工作者善于布置学生做一些有趣的、创造性的作业，这样的作业，既不使学生过分疲劳，又不松懈或降低学习的紧凑性、转移注意力和妨碍其他同学。这里，关键在于是否能够做到，既严格要求又防止出现紧张、惊慌、恐惧的心理状态，因为，这种状态会影响积极地领会教材。形成善于听教师讲解的技能，与随意性注意力的发展有着直接的联系。听讲时，要告诉低年级的学生：请大家坐端正(不要弯腰曲背)；收好其他无关的东西；课间玩耍结束，现在要安静；讲解时只看教师；锻炼“驱除”杂念的意志；力求当堂掌握教材，不要指靠自修；在听讲时，注意讲述提纲，有理解地找出要点和重点，这些东西，教师总是用语气、总结性词句、简明概要、结论等形式强调出来；运用适当的识记方式(视觉的方式，形象的方式，联想的方式，类比以前学过的东西的方式等等)；力求迅速理解所学东西；

力求掌握教师举出的例子，再找出一些亲身体验的例子；在教师指导下，注意看课本里的图画、图表，注意看演示的直观教具；在掌握专题暂时有困难时不要慌张，要力求在进一步解释时理解那些难点，因为教师总是采用各种办法重述主要的原理；在不理解教材时，一定要得到教师的允许再提出问题；按照教师的说明，在笔记本上作笔记、画图。

运用多种多样的教学方法，如讲述、谈话、独立解决问题情境等方法，对维持学生的注意力，具有特殊的意义。合理配合和交替使用各种教学方法，可以积极培养作为个性特点的注意力。例如，莫斯科第一百零二学校的中、高年级教师，为达此目的而运用这样的方法：在讲解教材之前，针对所学专题提出若干考查题。这样一来，每个学生时刻都在期待回答所提出的问题，积极参加探讨问题的谈话，分析日常生活的事例或实验过程中所获得的实验数据。莫斯科第六百五十四学校的教师们，通过克服讲解新教材时那种过于简单化的做法，提高了学生的注意力。讲解过于简单，或“嚼得太烂”，分点太细，也很乏味，就像看图画一样，要是分成一小块一小块来看，就无法作整体的欣赏。所以，有经验的教师总是选出最难、最复杂的内容作讲解，留下那些比较简单的材料，让学生做家庭作业时独立学习。

即使教材的讲述结构和逻辑很严密，学生的注意力，还会因自然疲劳而逐渐减弱。因此，许多教师有意地把一些特别生动有趣的例证留到学生注意力减弱时才使用。他们好像在课的整个学习认知道路上分别设置了若干鲜明的广告牌，以引起大家注意。这种特殊的“感叹号”触动学生的思维、情绪和情感，卸掉疲劳的重担，引起新的推动力，从而继续进行积极的认知活动。这里应当注意的是使用情绪兴奋剂的分寸问题。过于响亮、高声、造作的讲述，反而会迅速打断注意力，而且往往会激怒学生，特别是高年级学生。

培养学习时聚精会神的习惯，并不是轻而易举的事。这同培养任何学习活动技巧一样，保持教育影响的系统性和连贯性是很重要的。

理解教材、合乎逻辑地识记教材和从中找出要点的技能

要理解学习信息，学生必须运用这样一些思维过程，如分析、比较、概括、综合、分类、系统整理、抽象等。这些思维过程并非通过专门的途径，而是在学习各种内容过程中形成的。

上面我们已经指出过，其中一些思维过程和思维操作，往往综合地体现在划出要点、重点的技能之中。这种技能是人类智慧的最重要指数。И. 格帖早就说过，能够找出要点，这是行家的力量所在！现在，科学信息急剧增长，在这种情况下，这种技能具有特别重大的意义。应当从大量科学信息中，掌握本质的、最重要的、为今后实际活动和交往及继续学习所必不可少的科学信息。

学校教养内容中哪些东西应列为主要的、本质的部分呢？

首先是每门学科的最重要的理论、规律和概念。例如，六年级在教 16 世纪英国资本主义工业发展史时，学生必须了解工场手工业的特征，了解“市场”、“商品”、“工资”、

"对工人的剥削"等概念。在九年级历史课上，要学习列宁关于帝国主义和社会主义革命的理论，"无产阶级专政"、"马克思主义政党"、"无产阶级革命"等概念。学生应当掌握帝国主义的五个基本特征，树立资本主义必然灭亡，社会主义必然在全世界取得胜利这个最重要的世界观。

在社会学课程中，根本的、主要的原理是无产阶级的世界历史使命的观点。但是，我们有时也看到，由于没有正确找出无产阶级不断革命的主要的、本质的原因，所以学生认为，无产阶级不断革命是同著名的论点"无产阶级失去的只是锁链"联系着的。莫斯科学校的教师 A. M. 莫伊谢耶夫力求使学生深刻认识到，无产阶级成为最革命、最进步阶级的主要条件，首先是由于资本主义大工业生产本身造成的工人阶级的团结性、纪律性、组织性，以及他们较高的文化水平和技术水平(同农民相比)，后者是无产阶级高度自觉性和科学共产主义思想在工人队伍中顺利传播的先决条件。只有在这之后，教师才指出马克思和恩格斯的著名原理："无产阶级失去的只是锁链"，并阐明，没有私有财产就使无产阶级成为最彻底、最无私、最关心建立没有人剥削人的社会的最革命阶级。

在物理课程中，内容的主要部分是分子动力理论、电子理论、电磁理论、阿基米德定律、牛顿定律、焦耳－楞次定律、瓦维洛夫定律等等。在这一部分应学习约一百个基本的物理概念："力"、"质量"、"加速度"、"电流强度"、"电压"、"电阻"、"功率"、"功"等。每个概念都有自己的基本特征，没有这些特征，就不可能单独表述概念。例如，力的概念就有三个主要特征：大小、方向、施力点。三者缺一，力的表述就不清楚。文学的概念，如“独白”、“对话”、“修饰语”、“夸张法”、“观念”、“题材”等等也是这样，都有自己的主要特征。

除了理论、规律、规律性和概念之外，每一课都可能有作为主要成分的基本世界观观点。例如，社会主义比资本主义优越，共产主义必然胜利，在一个国家里建设社会主义是有可能的，认识过程是无限的，科学与宗教是不可调和的等等观点，就是基本的世界观观点。同样，教科书的许多章节也有主要的教育思想，例如，许多章节的内容都可用来培养学生的道德品质，如爱国主义、国际主义、集体主义、忠诚、正直、对资产阶级生活方式的不调和态度等；也可用来培养审美观点，如欣赏劳动美、生活美、自然美等。

各教学课程的每个专题都有自己的定义、公式、结论和概括。在教科书的课文中总有一些关键性的词句。教学大纲中有一编“应当学会什么知识”，这对教师抓住教养内容中的主要成分有很大帮助。掌握要点、重点，与从事实际活动和掌握专业技能技巧及一般学习技能技巧也有关系。从许多实验和实习操作中，也可以找出特别重要的、通用的、生产活动必不可少的操作。

基辅第五十一学校，顿河岸罗斯托夫第一学校和第九十二学校，阿卢什达第二学校，阿克秋宾斯克第十七学校的教师们，在备课时仔细地考虑本科教材中特别重要的和本质的东西是什么，有哪些主要理论、规律和概念应当重新传授或巩固，该专题的基本世界观观点和教育思想是什么，教科书的这一节包含哪些主要思想、定义、公式、结论和概念，应当培养哪些基本技能等。这样分析课文，既可找出主要内容，又可判明辅助成分(不一定要记住)和参考性知识(学生只需了解)。这样一来，教师就突出了教材内容的重点。至于训练学生找要点的技能，这些学校的教师们从上课的第一分钟起就开始进行。他们告诉学生学习该专题的基本任务：要掌握哪些理论，理解哪些观点，形成哪些技能技巧。在讲解教材时，他们强调要注意专题的主要思想，办法是指出这个问题、概念、思想特别重要，必须牢牢记住。例如，基辅第五十一学校四年级数学教师们在讲授“圆的半径”概念时，介绍学生阅读有关的段落，找出课文中表述主要意义的那几行，然后，要求根据课文所阐述的半径特点来回答问题，指出其中最重要的特点并加以说明。在讲授主要概念时，许多教师都明确指出它们的基本特征，并同补充的和次要的特征作比较。为掌握所学概念的本质(这是课堂教学最主要的东西)，教师们还把该概念与含义相近的一些概念作比较。例如，在历史课上，就比较了“资本主义”和“帝国主义”、“社会主义”和“共产主义”等概念。分析因果关系，从中找出最主要的、占主导地位的联系，这样就肯定能深入到所学现象的本质。为了培养抓要点的技能，阿克秋宾斯克第十七学校，阿卢什达第二学校等，系统地向学生布置专门的作业：从所读课文中找出关键的词语，有意义的字行，主要的观点和意思，把教科书的各部分材料内容加上小标题，编写所读材料提纲，用一句话表达课文主要思想，写课文概要，概括课堂上所提到的事实和实验数据，并作出相应的结论，扼要叙述所看影片的主题思想，编写课文的考查题等等。抓住要点和重点的思想也贯穿在进行实验和实习作业以及解答习题之中，因为，寻找基本公式的过程(解题必须按照公式)，也就是找重点的具体活动。顿河岸罗斯托夫第一学校和第九十二学校有经验的教师们，在下一节课提问时，把注意力集中在阐明对概念、规律、理论的本质的理解上，他们教会学生指出同学答案中多余的细节，并补充遗漏的基本成分。

在培养学生抓住要点的技能的同时，教师们力求在课堂教学进程中培养学生的逻辑识记。他们通常都提出长期记住一定材料的任务，组织有助于识记的活动：植物学——画图，历史——画表，化学——填表，其他科——写所读课文提纲。他们从所熟读的材料中抓住它的逻辑结构，并教学生从中找出重点。例如，在四年级学习温度表时，告诉学生要记住"温度表的作用"，"温度表的构造"，"使用规则"。许多教师训练学生掌握专门的识记方式：比较、联想识记(如果戈里比普希金小十岁，鞑靼蒙古族暴政在库里柯夫战役之后一百年彻底衰亡等等)。为了顺利地、有逻辑地识记材料，在浏览一节材料之后就组织阅读考查题，接着熟读材料并力求找出问题的答案。还告诉学生关于记忆卫生学的基本知识：(1)困难的材料要在头脑"清醒"时阅读：(2)复杂的材料别想"一口气"读熟，应当分散开，安排在较长时间内学会；(3)晚上不易读熟的东西，清早复习。

以上就是教师培养学生思维和记忆的某些基本工作形式。

拟定学习活动提纲

拟定提纲可以培养思维的逻辑性，使叙述具有系统性、连贯性和紧凑性。有助于集中注意力，更牢固地识记材料。因此，莫斯科第一百零二学校、第六百五十四学校，萨尔斯克第五学校以及其他学校的教师们更加注意培养学生拟定学习活动提纲的技能。他们向学生说明，为了编写简单的提纲，应当聚精会神地阅读课文和注意听讲，要力求抓住专题的阐述逻辑，找出重要的话，主要的思想，简短地加个标题，并按照一定的顺序把这一切写下来。比较复杂的、扩展性的提纲，除了小标题、主要的意思外，还要引证重要的句子、数字、图表和表格。教师们向学生介绍每门学科所特有的拟定提纲方式。例如，在文学课上，教学生编写简单的和复杂的作文提纲；在数学课上，教学生拟定证明定理的提纲，解一定类型习题的提纲；在语文课和外语课上，教学生拟定分析句子的提纲；在物理课上，教学生拟定说明一定概念或定律的提纲。同时，还可建议学生在家里写回答提纲，并让他们在上课时使用。对于差生，在上课时还可以给他们示范回答的提纲，帮助他们掌握这种技能。这种提纲的卡片应事先准备好。如果是实验作业，那么，提纲中要列出：目的、任务、活动阶段、结论、结果的分析。

现在，教师们更经常地鼓励学生以创造性的态度，而不是以刻板的公式去拟定提纲，教他们选择对一定目的来说是最合理的提纲，还组织对提纲的相互评论和自我分析等等。在许多学校里，定期检查学生所写提纲，发现典型缺点，提出克服这些缺点的建议，已成为一种规章制度。

在莫斯科第三百三十三学校，分析八年级所进行的物理测验结果有效地表明，检查学生拟定提纲的技巧水平，可以使教师了解情况。课题《曲线运动的位移、速度和加速度》，可以把下列问题列为提纲：曲线运动的概念；在自然界和技术中运用曲线运动的例子；曲线运动与直线运动的基本差异；曲线运动的位移概念；曲线运动的速度；曲线运动的加速度；匀速曲线运动的概念；曲线运动与圆周运动之间的联系。可是，从学生们编写的提纲可以看出，有些提纲很简单，其中遗漏了内容的某些本质成分。在另一些提纲中，详细地阐述了课题前面的几个问题，其余的问题却叙述得很简单。有些学生违反了叙述的统一格式，列入提纲的是一些非本质的东西，重要的成分反而漏掉了。以后，对这些缺点进行深入的分析。在分析过程中，教师指出了典型错误：提纲不全面，漏掉某些本质成分；提纲过细，列入某些非本质的细节；以不同的表述去重复同一本质成分；个别思想用提纲式的叙述来代替提纲要点；违反专题叙述的逻辑连贯性；违反提纲叙述的统一格式和形式；提纲要点的表述缺乏应有的简洁性。这种分析的重要意义在于：以具体的事实使学生相信，学会明确而有条理地拟定叙述教材的提纲是何等重要；使他们决心以实际行动做到，不仅在每堂课开始时要概括出学习专题的提纲，而且在家里也要写出答案提纲。所有学生都作出结论：分析同学的提纲并评价其质量是完全必要的。这样一来，在课堂学习时，就对编写提纲的技巧水平进行检查和相互检查。三个月之后，这个班级的测验取得了更好成绩。

上面我们已经指出过，编写提纲技能的发展与抓住要点技巧的形成有密切联系。这里，必须再次强调指出，每一堂课的确具有统一完成这两个任务的充分可能性。只要参观一下莫斯科第六百五十四学校四年级自然课的教学，就可以相信这一点。例如，在讲授《连通器中的水》这一专题时，女教师 T. M. 雅什尼科娃规定的主要教养任务是：形成有关连通器及其基本特性和在实践中应用的概念。她所列的基本教育任务是：进一步形成科学与实践密切联系的世界观。在这课中，智力发展的最重要任务是：培养拟定提纲和找出教材要点重点的技巧。考虑到专题的可接受性，这位女教师决定采用与学生一起学习的方法，建议学生阅读关于连通器及其基本特性的定义(标有着重点)。通过对若干容器的比较，她让学生按照基本特性从这些容器中辨认连通器，同时证明，摆在桌上的某些容器，实际上并不是这类连通器，因为它们不具备连通器的基本特性。应当说，对某些学生来说，要形成找出要点的技能不是没有困难的。例如，有一个学生回答“为什么这两个容器是连通的”这个问题时竟说：这两个容器中一个是“粗的”，另一个是“细的”，所以，水从“粗的”容器流入“细的”容器。还有一种情况(管子插入烧瓶的软木塞中)，一个女生未能看出这是连通器，因为她以为，连通方法是应当用一个横向的小管。这些情况不能不引起教师的注意。她按学生的理解，找到问题就在于一些非本质的因素掩盖了连通器的主要特征。为了更清楚地弄清连通器的基本特征，她提出这样的问题：“每个连通器是否都只有一种形状?”学生们很自然地回答，容器的形状并不是连通器的本质特征。在这一课上，也培养学生拟定学习活动提纲的技巧。为此，雅什尼科娃利用写在黑板上和学生练习本中的该课简要提纲，在学习第一、第二和第三个问题，以及在简要概括所学内容时，也都应用了这些提纲。同时，她向学生建议：“看一下你们所写的课堂提纲，想一想我们今天在课堂上学到了什么新的、最重要的东西?”

在巩固教材时，她专门选出有助于学生抓住连通器本质特征的练习：插图中有四个方形容器在同一水平上连通。女教师要求证明，这些容器为何应同时灌满液体。在布置如何做家庭作业时，建议学生看课本，注意课文中主要的地方，并建议他们找出自己的补充例子和编写回答提纲。这样一来，在课堂教学的各个阶段上，培养拟定学习活动提纲和找出要点重点的一般学习技能，就同完成教养教育任务有机地联系起来了。

独立做练习、独立完成认知任务和克服学习困难的技能

苏联教育学的出发点是，学生不应当单纯是教学的客体，消极地接受教师传播的教学信息，他应当同时是教学的积极主体，独立地掌握知识和完成可能完成的认知任务。为此，他不仅必须形成聚精会神地感知教学信息的技巧，而且必须养成学习的独立精神，能够做练习，进行实验，也能解决研究性问题，克服所遇到的困难。我国许多学校都积累了组织学生独立学习的宝贵经验。例如，阿拉木图第十二学校为了达到这个目的，运用了这样一些工作方式。教师们积极寻找机会组织学生在课堂上独立活动。如果课题内容是学生完全可以看懂的，那么，他们就不讲解教材，而是让学生使用教科书独立地学习该课题。每堂课都挑选一些练习让学生做。在这方面应当注意，开始时是建议独立地解答习题，以后就把它写在黑板上，并讨论解决办法。为此，广泛利用各

种教学辅助材料，这些材料不仅可以让每个学生同时做练习，而且可以有区别地帮助学生做好练习。在这过程中还利用解释性图片、图表等辅导卡片，布置简化的作业(有助于完成主要的作业)等等。

在注意帮助儿童学习的同时，教师们还力求避免过分的照管。过多的帮助会降低学生的学习信心，使他们失去独立精神。检查独立练习的完成情况应注意分寸。经验表明，非常重要的是随时发现工作中的典型困难和缺点，及时使全班注意这些问题。但是，检查过于频繁和琐碎也是不好的，因为，这会降低学生完成全部作业的责任感。有些学生等待教师一题一题地评分，而不注意进一步如何解答问题。

布置学生探索所学问题在周围现实中的应用范围，并在此基础上编写物理、数学和其他学科的新的应用题，是培养独立完成学习任务技巧的重要手段。学生很喜欢独立编写习题，如果教师以后能组织集体讨论那些习题，并且解答其中较好的习题时更是如此。除此之外，根据附近生产单位的材料编写的习题，具有较大的教育意义和综合技术意义。切利亚宾斯克第三十七学校为了达到这种目的，经常向学生布置作业，要他们进行家庭实验和观察，以后在课堂上组织作业“答辩”。学生根据缝纫机和洗衣机传动装置尺寸的测量结果，根据电熨斗和电冰箱等说明书的数据编习题，并且解释某些有趣的，与水的表面张力、浸润作用和非浸润作用等有关的日常生活现象。这种高质量的习题也发展了学生独立的思维能力。

为培养能独立使用仪器并在此基础上编写有益的实验题的技巧，罗斯托夫省塔岭斯克学校的教师 Б. В. 波卢博亚罗夫组织学生课后到物理专用教室自己操作物理仪器。学生可以记下气压表、湿度计的指数，用安培计、伏特计测量电流，测定导线尺寸，称出物体质量等。按照这些实验的结果，学生编出测定一定湿度、空气压力、计算电流量等习题。教师 В. И. 斯维里多大进行了许多全班性的实验和观察，以便独立学习新课题。完成这样的实验任务有助于积极掌握知识。

作文可以发展学生的一般技能技巧。这是学生独立学习的重要形式。顿河岸罗斯托夫的许多学校为了使学生写好作文，提出了作文须知。其中一个须知的内容如下：

(1)首先认真考虑作文的题目。要记住，题目中的每一个字都是有意义的。然后确定文章中应当写什么内容。

(2)认真考虑文章的中心思想，用哪些词，哪些句子，可以把它表达出来。

(3)写作时要遵守叙述的顺序(按照提纲写)。

(4)在写作时选择形象的词和用语。

(5)避免重复使用同一个词、词组。

(6)表明自己对所写的事物的态度。

(7)不要忘记做结论(总结)。

(8)文章写完后，再细读一遍，并认真考虑：文章是否点明主题和中心思想。然后根据主题删去文章中不必要的东西(多余的话)，同时，文章的主题和中心思想表达不够充分的地方应予以充实。

(9)注意文章的体裁，注意思想表达的鲜明性。进行必要的修改。

研究问题的教学(以下简称问题教学——译注)是发展

学生独立思维的最重要手段。大家知道，在问题教学过程中，借助于提出一定的问题，进行实验等，教师可以创造问题情境。在问题教学时，学生发表意见，寻找证明这些意见的论据，独立表达某些结论和概括(已是有关专题的新的知识成分)意见。因此，问题教学不仅可以培养独立精神，而且可以形成学习研究活动的某些技巧。这种教学的发展性作用就在于此。鞑靼苏维埃社会主义自治共和国教师们的经验是大家所熟悉的。这种经验证明，学生做研究性的实验作业，在学校实验园地上和学生生产队里进行实验活动，也有助于培养学生积极充实自己知识的能力。当然，教学中的探索法，必须同掌握最重要科学事实的复现法合理地结合。除此之外，应当考虑，过于复杂和非常简单的问题教学都不会产生预期的教养和发展效果，反而枉费时间。因此，必须适当选择问题教学的教材，以使掌握这些教材的探索法能够收到最大的效果。

学习中的自我检查

学习活动是一个完整的周期，它不仅应当有动机、计划、组织，而且应当有自我检查。不进行经常的和总结性的检查，就不可能客观地评价学习活动的实际效率。不检查教材的掌握程度、解题的精确性和听写的正确性，不养成经常检查自己活动的习惯，就不可能保证活动的正确性。

然而，研究一下学生自我检查技巧的发展程度，就可以看到，恰恰是这个方面，往往没有得到很好的培养。学生们不是总能正确地解答教科书的考查题，或习题集的习题。有些学生在专业考试时，不注意题目答案与生活实际不符，不能查出俄语作业中单词书写是否正确等等。这种现象不能认为是偶然的。专家对教师素养的评价表明，许多教师还不能很好地掌握方法，来培养学生具有自我检查的技能。

莫斯科第一百零二学校，列宁格勒第二学校以及其他许多学校的教师们的工作经验表明，为培养学生自我检查的技巧，最好运用专门的方式。首先，必须告诉学生，在做家庭作业时，一定要检查对教材的掌握程度，办法是写读书提纲，用自己的话转述所读材料的主要意思。这一工作应当从编写答案提纲做起，否则，学生们就会逐字逐句地转述课文，这样就会不知不觉地养成死记教材的不良习惯。因此，第一百零二学校的教师们鼓励学生以自己的话转述主要意思。如果学生第一遍转述所读课文时有困难，可建议他们迅速看一下提纲。

培养自我检查的另一个重要手段，是使学生养成经常回答教科书每节后面的考查题和补充考查题的习惯，这些题目是要求思考教材、检查对教材的理解情况的。到中年级和高年级，如果教科书里没有考查题，可以建议学生自己编写课文的考查题。在这种情况下，还可以同时自我检查抓要点重点的技能。自我检查的另一个特别重要的方式是检查书面作业的正确性。每一学科都各有独特的检查方式。例如，大致估量解题是否正确，评价结果是否符合生活实际；用逆运算(用除法检查乘法，用减法检查加法等)检查计算是否精确；用有关的规则检查单词的书写、标点符号的使用是否正确，如此等等。运用这些方式的必要性在于学生尚未掌握上述技巧。有的学生对出现诸如数学题答案中用分数表示人数、飞机的重量只有一百公斤等情况，不感到难为情。这说明并非所有学生都能正确地判断答案结果的真实性。因此，应当使他们注意类似的错误，应当使他们养成习惯：处处力求从生活实际的角度来检查结果是否正确。我们还往往遇到这样的情况，有些学生，一找到解物理题的总公式，立即开始按总公式进行大量的计算，其实只要写上公式中各项数值名称后，就会发现总公式所得答案不是习题所求的速度，所得答案是加速度或是某种非现实的数值。如果学生开始时就查对名称，那么，他们就会很快发现解题不对路。一定要在确定解题方法的正确性后，才能开始作具体演算。这不仅节省时间，还是有助于培养自我检查的有益方式。俄语教师进行专门的工作来纠正错误，有助于形成检查单词书写和标点符号的使用是否正确的技能。他们在学生练习簿的空白页边上打上钩号，示意这一行有错误，要学生自己找出错误，然后，要求学生在练习簿的空白页边上指出改错规则。在某些情况下，教师建议学生在下一节课上全面检查自己的书面作业，找出其中所犯错误，纠正错误，并说明改错的理由。

编码显示器运用于学校的实际工作后，下列改正错误的形式获得广泛运用：把自己的解答方案同屏幕显示出来的范例相比较。例如，在列宁格勒第二学校物理专用教室里，我们看到了自我检查家庭作业是否正确的专用板。为此，教师还运用了自动化的检查系统。学生借助专用的编码说出所得答案。简单的仪器在屏幕上发出了谁犯错误的信号。然后提供时间改正错误，并重新报出答案。如果发现许多学生在某题上都有错误，那么，教师就组织学生集体讨论解题方法。

引导学生相互检查作文和独立练习，评价自己同学的书面作业，是现代教师工作经验的显著特点。普希诺市苏联教育科学院附属学校，为此编写了关于学生评价自己同学答案的好几个专门的须知。其中一个是这样建议的：开始时先谈谈对讲述的一般印象，然后评价对教材的理解和叙述的条理，讲述的连贯性，语言的感情，能否对所讲述的概念、事实进行比较，能否作出明确结论，在回答时能否利用实物作证等。这样，就能使学生更全面地分析答案，并在以后的课上对自己的答案进行自我检查，提高思维的逻辑性。这个学校的教师教育学生善于与同学争论。告诉学生要善于倾听交谈者的话，力求理解他的结论，同时论证自己的观点，批评对方的意见，但不批评对方个人，不许冷嘲热讽等等。

在列宁山的列宁学校里，广泛推行作业互评办法。这里制定了评论须知，组织对评论的集体讨论，对评论有时还要打分。莫斯科第一百零二学校的历史教师们，为了培养自我检查的技巧，制作许多专用的图表，上面写着某些典型的错误，教学生迅速找出这些错误，并提出恰当的改错方法。这种特殊的带有直观性的教学游戏深受学生欢迎。同时，这种供自我检查用的图表可以使教师发现不善于在学习上作自我检查的学生，从而更有针对性地帮助他们。

把上述各种方式综合起来，一定可以保证发展学习上的自我检查技能。

培养学生的情感

如果不指出培养学生情感的基本工作方针，就不能充分发挥教学的发展性作用。情感上的修养必须对生活、艺术和创作等现象，对道德观念等领域能作出情感上的反应，必须善于理解、尊重和珍惜别人的感情，表现出对他们的关心，能够与人们、与文学艺术的主人公们有共同的体验，能够掌握自己的情绪举动，对错误的行为毫不让步①。

情绪体验(喜悦、悲伤、恐惧、惊奇、羞耻、惋惜、委屈、怜悯、不满、愤怒、轻蔑等)，首先来自专门选择的教材内容。由于情绪反应的发展程度不同，学生们对上述情绪状态的体验也有所区别。在很自然地阐述课题内容过程中，学生们将同作品的主人公，历史事件的参加者，以及他们的同代人一起，体验到胜利和成功的喜悦，损失和伤亡的悲痛，体验到对法西斯主义、殖民主义的愤怒和憎恨，体验到对违反道德规范行为和人们行为中不正之风应持不调和的态度。经常这样做，学生们就会富有同情心，整个情感境界也会丰富多彩。

显而易见，不是只凭历史、文学和艺术的材料本身，而且还要教师在讲述这些材料时带有强烈的感情，才能使学生在情感上得到强烈的发展。然而，常可见到这样的现象，有些材料本身具有强烈的感染力，但是在课堂教学中，由于讲得毫无热情，反而抑制了学生情感的发展。同莫斯科一群十年级学生的交谈，使我们深信了这一点。一个女学生带着惋惜的心情说，讲述《苏联抗击希特勒德国的伟大卫国战争》的那几堂课使她感到非常失望。“我原以为，这一定是几堂不平凡的、兴高采烈的课。我事先看过教科书，期待着这个

---

① 参阅 П. М. 雅科勃松：《情感及其发展和培养》，第 45 页，莫斯科，1976 年。

不同寻常的课题的到来。但结果是那么枯燥无味。我设想教师这天会跟我们一起去参加伟大卫国战争，可是看来他更关心的是讲述事实，以使我们记住这些事实，并且能够准确地转述这些事实”。记住事实当然是应该的，但不能对这种专题的课淡然处之，搞得如此沉闷不堪！这样的课，最好一开始就直接讲授新教材，不要提问。这样的课应当充满生动鲜明、令人信服的材料，讲授要有炽烈的情绪，才能引起应有的情趣，以进一步学习整个专题。另一方面，在叙述和讲解时，过于激奋、狂热，或者矫揉造作也是有害的。这会产生相反的作用，不是使他们积极起来，而是使他们疲劳不堪。教学内容和教学态度应当保证恰如其分的情绪紧张状态，才能提高它的发展效果，这就是在课堂教学中培养学生情感的主要实质。这个方面，非常重要的是，不仅使学生在回答中，而且在他们的作文中，行为中，以及课外活动的言论中都要表现出真诚和坦率。在班上，应当创造情绪舒适的气氛，要保护学生，教师对学生的情绪表现切不可失之于偏，冷嘲热讽。精制的直观教具，生动的实验和演示，放映幻灯片和影片等，能引起学生惊奇、愉快、兴趣等情感。例如，在物理课上，为了达到这个目的，可以演示“帕斯卡矛盾现象”的实验，“埃尔姆的火光”，“极光”，“水上旋风”，“奇异的雨”，“电风”类型的有趣实验，许多有关液体空气的表演等等。这一切都会引起学生强烈的感受，产生欢乐的情绪。

文学课教师富有艺术性地朗读文学作品选段和朗读诗歌，音乐教师善于出色地歌唱和弹奏乐器，美术教师善于生动地讲述著名艺术家的作品，和惟妙惟肖地作画，数学教师善于展示数学推论、图样、模型的美妙和协调等等，都有利于培养学生的情感。

对知识和技能的评分会引起学生，特别是低年级和中年级学生深刻的情绪体验。这里，对成功的喜悦，对失败的羞耻，对评分口气和评分方式，或对班级反应的不满，对提高分数的惊奇，对降低分数的内心反抗，以及其他情绪，很复杂地交织在一起。

所以，对教师来说，认真、公正地评分，明确说明评分的理由是很重要的。这样，就可以促进全班积极情绪，而不是消极情绪的发展。

培养高年级学生的情感，需要采取特别细致的教育方法。这里，占主要地位的是友谊的渴望和热情，对理想的认识和追求，待人接物的高尚道德情操，以及自我评价和深刻自我分析的愿望。这里，教师特别要善于选择带有情绪色彩的教材，善于评价文学作品和生活中的主人公，要做到非常有说服力，令人深信不疑，而不是公式化地表述自己的判断。

对于平时表现出对学习漠不关心的学生，则应采取个别教育的办法，这样，才能有效地促进他们情感的发展。这些学生在平时学习中往往缺乏情绪情境，因此，把他们引入情绪情境显得特别重要。例如，对差生来说，应当给他们创造特殊的成功情境，这就要选择一些他们当时能做的作业让他们做，并在他们取得初步成功时积极鼓励他们。这时体验到的喜悦，可以激励学生为取得即将到来的因成功所产生的胜利喜悦而克服新的困难。对于能力较高的学生，最好也要创造情绪情境。在解决较复杂习题时克服特殊困难的愉快心情，可以激励他们继续前进。反之，有时也可能使他们因降低学习强度而体验到一种羞耻感。还要使他们同情需要帮助的同学，这一点很重要。

上述培养学生的思维、学习认知活动技巧、兴趣、爱好和情感的内容和工作方式，所有教师在教学过程中都必须采用。在规划课堂教学的任务和内容时，也应当尽量扩大和寻找机会来运用这些建议，这样，才能加强教学的发展作用，达到培养全面和谐发展的个性的主要目的。

第七章　选择最优的教学方法

选择对该堂课来说是最有效的教学方法，这是教学过程最优化的核心部分之一。但是，这种选择却有很大困难。研究800名教师教学工作的情况表明，其中有27%的人，在选择教学方法方面感到困难重重，这比选择教材内容方面感到困难的比例要高出一倍。许多教师往往按照“各种方法都用用”、“平均使用”的办法来使用教学方法，或者主要采用“流行”的方法，这都不利于方法的最优配合。

要掌握选择教学方法的方法，必须明确认识到教学方法的多样性，能有效地运用其中的每种方法。为便于在实践中解决这个问题，我们认为应当扼要地阐述苏联学校现阶段所使用的教学方法。

大家知道，教学方法是为了达到教养、教育和发展的目的，是教师和学生在教学过程中相互联系的活动方法。

由于任何活动都具有组织、激励和检查这三个不可分离的组成部分，所以，教学方法也可以分为三大类：

——组织学习认知活动的方法；

——激励学习认知活动的方法；

——检查学习认知活动效率的方法。

不言而喻，在教师的教学影响下，学生同时在进行学习认知活动，他们会产生一定的学习动机，在学习中会运用自我检查等等。

上述的每一类教学方法，都是由一系列具体的教学方法组成的。例如，**在组织学习认知活动时，首先就是使用口述法(讲述、讲演、谈话等)，直观法(演示仪器、指示图解等)，实践法(练习、实验室实验、劳动活动等)**。所有这些方法，保证教师得以传递知识信息，学生借助听、观察、实际活动得以接受这种信息。组织学习认知活动的方法也可以分为归纳法和演绎法，这是指采用何种逻辑来揭示教材，是从个别到一般呢，还是从一般到个别。这类组织学习认知活动的方法还可以分为**问题探索法和复现法**，这是指学生如何掌握新教材，是通过独立思考问题情境来掌握新教材呢，还是通过复现识记教师所讲述的知识信息来掌握新教材。由此可见，如果教材的叙述是从一般到个别，并在叙述过程中创造问题情境，则同样是谈话，可以起到口述法、演绎法和探索法的作用，最后，根据学习中学生独立性的程度，可以分为在教师指导下的学习方法和学生独立学习的方法。上述各种教学方法，只要运用合理，都能促进学生的认知活动。在教学实践中，还运用了旨在激发学生的学习兴趣，提高他们的学习责任感的一些特殊方法。这类激励学习和形成学习动机的方法，包括认知性游戏的方法，学习讨论的方法，鼓励的方法，创造学习成功情境的方法，提出学习要求的方法等等。研究结果表明，检查和自我检查对顺利进行教学具有重大意义。这种检查和自我检查是通过口头检查、书面检查、实验检查、个别检查、全班性检查等方法进行的。

实践表明，教师对方法多样性的认识越深刻，他所选择的各种方法的配合方案就越有实效。方法配合协调就会使教学过程很有成效。

教学方法不断地得到完善。例如，在传递和接受知识信息这类方法中，近年来，教学技术手段(采用磁带录音、录像、电视、教学辅助机、自动训练装置等)的作用大大增长，这使得口述、直观和实践的教学方法发生根本性的改变。由于推广研究问题式的教学，探索法得到更加广泛的运用。实践程序教学就改进了对认知活动的控制，使激励学习和形成学习动机方法的研究更加活跃。通过程序设计因素的推广，测验机器的利用，书面考查作业和实验室考查作业等的巧妙进行，检查的方法也日趋完善。现在，党的第二十五次和二十六次代表大会向学校提出了这样的任务：加强学生的能力培养，使他们能够在科学信息和政治信息的洪流中独立作出判断；消除造成负担过重的那些复杂问题。这就是说，除了运用学生独立学习的方法之外，还必须特别注意以整体的观点来考虑各种方法，使这些方法在教学过程中最优地结合起来。

首先应当指出，教师在教学方法的选择上，水平很不相同。有些教师根据已形成的固定工作方式，而主要倾向于使用某类方法，另一些教师虽采用多种多样的方法，但却是通过尝试和错误的体验，才直觉地、联想地这样做。生活却要求教师应依据科学教学法的建议，先进经验材料，以及对本身工作的自我分析，有意识地选择教学方法。方法的最优配合这个概念总是具体的：某种方法对某些情况来说是成功的，有效的，但对另一些情况，另一些专题，另一些学习形式来说，则可能根本不可行。教师应当很好地认识每种教学方法的性能和优点。例如，口述法可以在较短时间内传递信息，促进学生抽象思维的发展，但是，如果片面使用这类方法，就有碍于掌握教材，尤其妨碍具有直观形象记忆和运动记忆、直观形象思维类型的学生掌握教材，这类方法较难促进学生技能技巧的发展。直观法可以提高教学效率，特别是提高接受信息明显表现出直观形象特点的那些人的学习效率。但是，过分使用直观法会阻碍学生抽象思维和想像，以及言语和连贯表达思想的能力的发展。实践法对培养劳动技能技巧，加强理论联系实际特别有效。但是，这类方法不可能完成全部教学任务，因为，它们不能保证系统而深入地掌握理论知识，发展逻辑言语和抽象思维等。

复现法的运用，首先是为了保证学生迅速而牢固地识记教材信息，形成技能和技巧。当教材内容主要是资料性的，是描述实践活动方法的，复现法特别有效，但是，这类方法对促进学生独立探求知识却无多大效果。程序教学的组织首先以复现法为基础。运用这种教学法，可以保证按单元掌握教材，按单元检查掌握程度，尽可能使教学个别化，并考虑个人掌握知识的速度。当教材内容可以划分为逻辑上完整的几个部分，当需要直接控制学生的学习活动，需要迅速获得学生对每一单元知识的掌握程度的信息时，可以使用程序教学。但是，在程序教学情况下，用复现法比用讲解－图示法学习专题更费时间。程序教学在某种程度上限制了教师完成课堂教育任务的可能性，并且降低了教师个人对学生的作用。因此，程序教学在教学过程中不能占过于重要的地位。整个地说，复现教学法也还有其他一些弱点。这类方法不能充分发展学生的思维，特别是思维的独立性和灵活性，不能形成学生探索活动的技巧。过多使用这些方法会使掌握知识的过程形式化，有时甚至导致死背教材。仅仅使用复现法，不可能顺利培养这样一些个性品质，如对待事业的创造性态度，独立精神等等。因此，除了复现法外，还要使用足以保证学生开展积极探索活动的其他教学方法。

问题探索法主要是用于培养创造性的学习认知活动技巧。这类方法更有助于有理解地、独立地掌握知识。当教材内容是针对形成相应科学领域的概念、规律和理论，而不是提供实践活动材料和培养劳动活动的实验技能技巧的时候；当教材内容不是崭新的，而是在逻辑上继续充实以前所学知识的时候；当教材内容适于学生作出独立结论，可以揭示现象之间的因果联系，适于作出概括的时候采用问题探索法特别有效。当教师训练学生开展活动来解决问题情境的时候，也可以采用探索法。

同复现法相比，探索法虽有许多优点(教师有时有夸大其优点的倾向)，但也有不少弱点，故不能成为惟一的教学方法。同复现法相比，探索法的弱点有：学习教材需用大量时间；在完成培养实际技能技巧的任务方面，效果不大，这时，演示和模仿具有重大意义；在掌握教材中完全新的编章时，探索法效果很差，因为，那时不可能运用统觉(基于旧经验)原则；在学习复杂专题时极需教师讲解，不宜使用探索法，独立探索对多数学生不可行。当然，也可能采取多种多样办法，特别是利用各种各样的探索情境，以消除问题探索法的这些弱点，但整个地说，必须把探索法同其他方法相结合加以运用，这是毫无疑问的。实践表明，在许多情况下都必须有这种结合，教师可在讲解时插入学生探索活动的因素，或者反之，在学生独立探索知识过程中，直接说明学生无法自己“发现”的问题。但是，这并不意味着探索法和复现法永远只能结合使用。也有这样一些教学任务，这样一些特殊内容的教材，这样一些特殊程度的学生，有可能而且应当单独采用所谓“纯粹的”复现教学法或探索教学法。所以不能像某些教师所认为的那样，以为复现—探索教学法，永远是最优的方法。

对归纳教学法和演绎教学法的选择，应作具体分析。众所周知，近年来所进行的教学内容改革，大大加强了演绎教学法。有些作者(B. B. 达维多夫等)专门研究了教学中的理论概括在完成发展学生理论思维(不是经验思维)的任务方面的巨大优越性。但这并不意味着必须在教学过程中排除归纳法。应当找出在具体条件下采用或结合使用这两种方法的最优办法，马克思主义关于认识中归纳过程和演绎过程辩证统一的原理是大家熟悉的。没有形成归纳的思维方式，不仅自然科学，就是社会性质的实验－实践活动，也不能指望有所成就。

学生独立学习与在教师积极指导下进行学习，这两种方法很好地结合，也同样重要。不重视学生的独立学习，对形成学生的作为个性特点的独立活动精神和独立活动习惯都很不利，也不能使知识有效地转化为信念，因为，这种转化过程需要独立地运用知识。同时，也不能在任何情况下都机械地强调独立学习。这也同样需要把这种教学方法与其他教学方法作比较，专门分析它的优缺点。学生的独立学习活动，能够培养实际的技能技巧，增强个性意志品质，提高在学习中克服困难的能力，树立对自己活动的信心。如果学生能独立地学习，这是活动的理想状态，因为，人们将来一生都要从事这种活动。因此，从原则上说，应当设法在学习过程中不断提高独立学习的作用和地位。但是，如果不同教师积极指导下的教学相结合，独立学习也不可能顺利进行，因为，学生必须掌握有关独立学习的方法的知识，必须教会他们合理地活动。在做作业方面，不对学生作应有的训练，就让学生独自去做，往往会无谓地耗费学习时间。关于家庭独立作业的分量问题也同样如此。学生的家庭独立作业负担不得过重，因为，这样做就违反学校卫生的规定，影响儿童身体健康。因此，教师应当根据教材特点，学生的学习程度，以及其他条件，对独立作业的分量作专门的考虑。近年来，由于教学大纲和教科书的更新，特别要注意解决这个问题。

苏联的教育家和心理学家正在寻找教学过程中检查方法的合理化途径。在格鲁吉亚，在Щ. A.阿莫纳什维利教授领导下，多年来一直在小学进行无记分教学的实验。从事这项实验的人认为，在小学，非常重要的是对学习的积极鼓励，减少打分时学生所感到的那种紧张状态的消极影响。在实验过程中，着重分析学生作业的质量，发现典型的错误和困难，并且指出克服办法，而不是强调评定一定分数。实验尚未结束。它的若干原理是有争论的。很明显，在各种具体情况下，都必须选择最优的检查方法；把各种检查方法最合理地结合起来。

我们对各种教学方法性能的研究，可再次得出结论：在实际教学过程中，必须配合运用各种方法。运用多种多样方法，能为学生认知能力的顺利发展创造良好条件。当然，在多样化方面应该适度，以免教学成为不断变换活动形式的万花筒，分散学生对教材本质和内容的注意力。这再一次要求教师切不可机械地搬用多种方法，而应根据每一具体情况选择方法，适当配合运用。为此，首先必须认清选择多种方法的场合，就是说要经过考虑，要有根据。从概括多年教学实践经验和从教学原则中引申出对选择教学方法的若干原则性要求，必将有助于此。

首先我们要指出，在选择教学方法之前，必须确定课的教学教育任务，具体分析教材内容，从中找出主要和基本成分，并将教材内容划分为逻辑上完整的几个部分。然后，就选择学习教材的每个阶段上所用方法的最优结合方案。为了有意识地选出该课最合理的教学方法，应当了解某些方法可能特别顺利地完成哪些教学任务。为此，可以利用我们所编制的教学方法比较效率表。我们这样规定，如果某个教学方法能非常有效地完成有关的教养任务，那就注上符号“+!”，如果该方法只能基本上完成该任务，那就注上符号“+”。如果该方法完成任务的效果比其他方法差，那就注上符号“-”。

必须强调指出，这里所比较的并不是所有教学方法，只是某些教学方法，这些方法根据上述分类是属于同一组的(在表上用水平线分开)。

如果教师明确课的基本教养任务，那么，他就可以利用这个表，为课堂教学的每个阶段选择最合理的方法(综合使用几种方法或一系列方法)来组织学习认知活动，因为在同一时间内，总是使用若干种具体方法，这些方法综合起来构成某种“综合性教学法”，其实质就是若干具体方法的结合。

例如，如果课堂教学在该阶段的主要任务是学会中等难度的理论知识，那么，教师就可以选择在他指导下的学习方法(注的符号是+!)，而不是选择独立学习的方法(注的符号是+)。从另一组里，他可以选择问题探索法(+!)，从第三组里，可以选择演绎法(+!)，从第四组里，可以选择口述法(+!)。

学习中等难度理论材料的这种综合方法可以表述如下：在课的这个阶段，使用问题探索法、演绎法和口述法相结合的方法。更具体地说，这种相结合的方法可称之为演绎方式安排的问题谈话法。

如果课堂教学的主要任务是形成实际技能技巧，那么，所选的实践法(+!)主要带有复现和归纳的性质，即可能是按照模式独立地做练习。如果专题的内容可能最大限度地完成发展学生的学习独立性任务，那么，这时把问题探索法同做实际练习相结合是合理的。这种选择并非出于偶然，而是以各种方法在完成发展学生思维独立性的任务方面的性能所作比较评价为根据。在完成其他教学任务时，教学方法的选择也以类似方式进行。这里，主要不在于利用图表，而在于有意识地选择最好的教学方法，从直觉的选择或通过尝试和体验错误的方法作出选择，过渡到有意识的、有科学根据的选择。

这种办法尽管具有示范性质，但也能防止教师刻板地选择方法，因为，完成同一教学任务，可以采取不同的结合方案，配合运用各种方法。要知道，在一组方法中，例如口述法中，包括许多更具体的方法(谈话、讲述、讲演等)。这样，这个表就不会束缚教师的主动性，而是帮助教师沿着教学最优化的道路迈进。

为了更顺利地掌握选择教学方法最优结合方案的技能，在教师进修学院的实习中，利用这种教学法比较表颇为有益（见下表）。

各种教学方法性能比较

教学方法	教学过程所要完成的任务								要求的教学速度
	形成			发展					
	理论知识	实践知识	实践和劳动技能	抽象思维	直观形象思维	思维的独立性	记忆	言语	
教师指导下的学习方法	+！	+	+	+	+	+	+	+	快
独立学习的方法	+	+！	+！	+	+	+！	+！	+	中
复现法	+	+！	+！	+	+！	−	+！	+	快
问题探索法	+！	+	−	+！	−	+！	+	+！	慢
归纳法	+	+！	+！	+	+！	+	+	−	慢
演绎法	+！	+	−	+！	+	+	+	+	快
口述法	+！	+！	−	+！	−	−	+	+！	快
直观法	−	+	+	−	+！	+	+！	−	中
实践法	−	+	+！	−	+	+！	+	−	中

符号：+！表示完成该任务比同组其他方法好。
+表示基本上能完成该任务。
−表示完成该任务比同组其他方法差。

我们下面将以学习八年级物理课程《静力学》一章为例，说明教学方法的选择。这一章的学习分为八节课。

第一节课学习《静力学的概念和不转动物体的平衡》。确定课堂教学的基本任务之后，教师就选择教学方法。首先，他断定这部分教材较难，无法独立学习。决定以教师指导下的学习方法学习新教材。接着，分析教科书的内容和学生的能力，通过分析表明，学生通过教师用演绎法讲授新专题时所创设的问题情境，可以掌握一系列原理并作出关于物体平衡的结论。这样，就作出选择：在课堂上主要运用探索法，结合使用演绎法(从概述作用于某物体的合力开始，到解物体平衡的部分习题为止)。最后，教师具体选择教学方法，并作出结论：上课时将采用研究问题式的讲述和研究问题式的谈话，讲述和谈话都以学生对牛顿定律的了解为依据。直观材料就利用教科书上的插图。综合运用所选定的教学方法，教师就可以阐明关于不转动物体的平衡条件的必要知识，促进学生思维的发展，提高抓住重点，进行演绎推理以及克服认知困难的能力。由此可见，在选择教学方法时，对课堂教学的任务、课的内容特点、学生的能力以及教师本身的可能性都作考虑。

这个专题的下一节课，是做有关不转动物体的平衡的习题。教师再次分析教材内容和学生程度后得出结论，学习不应独立地进行，而应在他指导下进行，因为习题基本上都是新的，而且相当复杂。其中一个习题可以用探索法解决(悬臂梁的平衡)，另一个习题则要在复习的基础上，用平衡的一般定理来解决，即用复现法解决(斜面的习题)。由于斜面的概念以前学过，因而再用探索法学习就毫无意义。在课堂上运用演绎法，即从静力学的一般定理去分析习题所叙述的具体生活情境，是很合理的。从演绎法叙述教材的特点和根据学生的能力来看，恰好可作这样的选择。在解题过程中，运用与学生谈话的方法和利用黑板上的画图是有益的。但是，考虑到八年级两个班各有特点，方法的选择还必须作一定的修正。如果说，在物理学习程度较高的(1)班，可在教师帮助下，组织学生在黑板上解题，而学习程度较低的另一个班级，则比较适合于由教师先指出解题方法，引导学生的思路，然后布置学生自己解答其他习题。

第三节课的题目是《带固定轴的物体的平衡。旋转力矩。力矩定理》。教师用同样的方式考虑问题，又选择了在他指导下学习教材的方法(教材篇幅很大，逻辑上完整，因而学习需用整整一课时)。其次，决定在程度较高的班采用演绎法进行学习，在程度较低的班，则采用归纳法，从杠杆平衡的个别情况讲起。在这一节课上，决定用复现法进行教学，因为，教材包含许多需要教师讲解的新概念(旋转力矩，力臂，力矩定理，旋转力矩的国际单位制)。课堂上决定采用教师讲述和与学生谈话相结合，在黑板上绘图和演示实验相结合等方法。决定用全班性提问方法检查学习质量。

第四节课是《说明杠杆的平衡条件》的实验室作业。决定在(1)班采用探索法，在(2)班(程度较低)采用复现法，也就是让学生重复教师在演示台上做过的动作。当然，这堂课基本上是以实践法进行的，这也是实验室作业的特点。

第五节课是关于《物体平衡的稳定性》问题。根据教师的意见，专题内容比较通俗易懂，可以布置学生自己学习教科书，接着，当堂编写所学内容的提纲。决定用集体讨论学生所编提纲和全班提问的方法，来检查学生掌握教材的情况。

第六节课是判断平面物体的重心问题。两个班都用探索性的独立实验作业形式上课。

第七节课是解习题和观看《静力学》的幻灯片，以便总结过去几堂课所学教材。

第八节课以考查作业的形式进行，包括解习题，回答教学参考材料中的问题，进行找各种形状物体重心的实验。

由上可见，《静力学》这一专题的每一堂课，都选好各种教学方法的最合理结合方案。

从上面所援引的例子中，人们足以看到教师在选择教学方法时考虑问题的大致顺序。开始时，教师先考虑能否采用要求学生具有较大独立性和积极性的那些方法，然后，逐步过渡到较不费力的方法。这时，教师必须向自己提出这样一些问题：

第一个问题："能否采用教师不讲解，由学生自行学习的方法来组织这一专题的学习？"

如果内容很简单，学生有独立学习专题的基础，又有时间可让学生独立学习教材，即可采用。

如果教材复杂，学生独立学习教科书的基础差，安排专题的学习时间少，不能组织独立学习，则不可采用。

可能选择的方案：在教师指导下的学习方法，或学生独立学习的方法。

第二个问题："能否采用探索法来组织这一专题的学习？"

如果教材具有中等难度，学生在解决问题过程中有独立"充实"知识的基础，在学习这一专题时有时间进行问题讨论，即可采用。

各种教学方法的合理使用

在何种情况下合理地使用	1. 在解决何种任务时使用这种方法特别有效	2. 哪种教材内容使用这种方法特别合理	3. 学生具有何种特点的情况下使用这种方法比较合理	4. 为使用这种方法教师必须具备哪些条件
口述法	形成理论知识和实践知识	教材主要是理论资料性的	学生有掌握口头信息的基础	教师掌握这种方法比其他法好
直观法	发展观察力，提高对所学问题的注意	教材内容可能用直观手段来传授	直观教具是该班学生所能接受的	教师备有必要的直观教具，或者可以独立制造这些教具
实践法	发展实践的技能和技巧	专题的内容包含实践练习，进行实验和劳动作业	学生有做实践作业的基础	教师备有教学物质用品和教学参考资料，可供组织实践练习
复现法	形成知识和技巧	内容太复杂或者很简单	学生不具备接受研究问题的方法学习该专题的基础	教师没有时间用研究问题的方法研究该专题
探索法	发展独立思维能力、研究的能力和对事业的创造精神	教材内容具有中等难度	学生已经受过训练，可以用研究问题的方法学习该专题	教师有时间用研究问题的方法研究该专题，并且很好地掌握探索教学法
归纳法	发展概括能力和归纳推理(从个别到一般)能力	专题的内容在教科书里是用归纳方式论述的，或者这样来论述比较合理	学生已经受过训练，能够进行归纳推理，但演绎推理尚有困难	教师已掌握归纳教学法(一般地说教师都能掌握这种方法)
演绎法	发展演绎推理(从一般到个别)能力和发展分析能力	专题的内容在教科书里是用演绎方式论述的，或者用这种方式论述特别合理	学生已经受过训练，能够进行演绎推理	教师已掌握演绎教学法
独立学习的方法	发展学习活动的独立能力，形成学习劳动技巧	教材可用来独立学习	学生已具备独立学习该专题的基础	有教学参考材料可供学生独立学习，也有时间在课堂上组织独立学习

如果教材很复杂，或很简单，学生没有解决问题的足够知识基础，在本课教学过程中没有足够时间进行问题讨论，则不可采用。

教师的选择：以探索法或复现法学习这一专题。

第三个问题："能否用演绎法来组织这一专题的学习？"

如果教科书中教材内容以演绎方式叙述，学生具有用演绎法学习专题的基础，即可采用。

如果教科书中教材内容以归纳方式叙述，而改变这种方式会给学生带来很大困难，学生不具备用演绎法掌握这一专题的基础，则不可采用。

教师的选择：用演绎法或归纳法来学习这一专题。

第四个问题："能否在课堂教学中把口述法、直观法和实践法结合起来使用？"

如果专题内容允许这样做，教师备有教具或者可以制造这些教具，教师有时间使用直观教具，进行实验和实习作业等，即可采用。

如果专题内容不允许这样做，没有直观教具或练习材料，又不可能制备教具或编选材料，教师没有足够时间利用直观教具和演示实验等，则不可采用。

教师的选择：视可能情况配合使用口述法、直观法和实践法。

第五个问题："在课上将采用哪些方法来激发学生的积极性（认知性游戏，学习讨论等等）？"

教师的选择取决于教材内容和班级学生学习态度的特点。

第六个问题："在巩固新教材时，将采用哪些检查和自我检查的方法，以检查对新教材的掌握程度?”

选择同内容特点、学生能力和所安排的时间相适应的那些方法。

由于提出了这些问题，最后就能选择在课堂上学习新教材中主要的、最本质的成分的一整套方法。现在，在许多学校里，都成功地用这种办法选择教学方法。不言而喻，教学方法和形式的使用各有差异，这在某种程度上是取决于具体教师的可能性。莫斯科第一百零二学校数学教师 H. И. 施巴耶娃(由于班上有许多成绩不良的学生)在选择教学方法时，往往偏重于实践性作业，以引导学生更具体地和有理解地掌握专题。例如，在学习角的平分线的性质时，让学生画出从平分线到角两边的垂直线，并测量两条边至平分线的距离，而后由学生设法自己给它下定义。她还利用家庭实践性作业，以培养学生用研究问题的方式掌握新专题，其中包括《多角形内角和》这一专题。为了对学生进行有区别的教学，她通常选择两种练习方案。第一百零二学校的历史教师 H. E. 格罗莫娃，在研究学生过程中发现，有 20% 以上的学生自我检查的技巧很差。因此，她就大量使用供自我检查专用的表格、图画和图表，要求学生回答考查题，相互检查作业，做自我检查的游戏性练习，并采用一些违反逻辑联系的故事性练习，学生应当找出这些错误。她还采用了其他一些措施，以发展学生的自我检查能力。由此可见，教师发现学生学习上的薄弱环节，便可看到自己在教学过程中的缺点，并找出一整套方式方法，迅速弥补学生在学习劳动技巧方面所存在的缺陷。

教学技术手段以及其他手段的选择与该课教学方法和方

式的选择有着直接的联系。例如，莫斯科第九百三十学校生物教师 H. B. 斯塔特凯薇琪就是这样安排教学方法和手段的。在八年级上《血液循环和淋巴构成》这个专题的课时，她选择下列教学方法和手段的结合方式：

课堂教学内容的基本成分	教学方法和教学方式	教 学 手 段
1. 复习旧教材		
——心脏的构造	口头提问	《心脏构造的幻灯片》
——心肌的构造特点	全班提问	图表
——心瓣	学习教学参考材料	画图卡片
——血管	实践活动	显微镜和显微切片
2. 学习新教材		
——动物界血液系统的进化	讲解	动物学图表
——关于人的血液系统构造知识的积累	研究问题式的讲述	学者的像
——血液的小循环和大循环	谈话，寻找手上静脉的实践活动	教科书上的图画、幻灯片
——关于淋巴构成和淋巴的概念	使用显微切片和直观教具	
——苏联法律保护人们健康(苏联宪法第四十二条)	学生讲述	专用教室中的陈列架
3. 巩固所学教材	全班性谈话	

从上课的情况看来，教学方法和教学手段的这种结合方式，具有较高的效率。

1980 年，我们同莫斯科塞瓦斯托波尔区的许多校长一道听了课，然后又参加了第一百零二学校教师关于选择最优教学方法问题的教学法讨论会。В. Б. 马佐、Г. П. 哥尔杰耶娃、Н. И. 施巴耶娃、И. И. 波洛然采娃、Л. А. 奥夫希扬尼科娃等教师都发了言，扼要说明采用所选教学方法的理由。每个人都阐明课的基本任务，教材内容的特点，班级的特点，并指出所选学习新教材的主要方法对该情况来说是最有成效的。会上提出了一些有趣的问题，并进行讨论。现在问题探索法十分流行，可你为什么不选择这种方法来讲授该专题？一位女教师解释其具体情况时说，教材很复杂，学生缺乏应有的知识基础，无法独立解决问题情境，所以，选择问题探索法根本不可行。听六年级物理课的人，对学习《阿基米德定律》这一专题选用认知性游戏的方法是否正确产生疑问。可是年轻女教师伊琳娜·伊万诺芙娜·波洛然采娃令人信服地指出，这是一天的最后一堂课，学生已经疲劳，必须找出一种教学方法，一方面可以保证较好地掌握专题的内容，同时又激发学生的学习兴趣，降低疲劳的不良影响，促进他们的学习活动。那种方法是认知性游戏的方法（伊琳娜·伊万诺芙娜特地编的）。结果，评论者同意了她的意见。

在讨论四年级的课时，评论者向一位女教师提出问题："您为什么不利用作者自己朗诵的《炮手之子》一诗的录音，却自己朗诵这首诗？"对此，女教师 Г. П. 哥尔杰耶娃回答道："我决定在巩固教材和复习教材时这样做，但在四年级学习新教材时，最好还是教师自己朗诵，孩子们喜欢听教师的朗诵。听带有作者语言特点的录音是不恰当的，这要花二倍时间，因为我还得再读一遍，以强调要注意某些最重要的部分。"这些令人信服的论证，使评论者放弃了不同的意见，这个问题的讨论本身对与会的所有教师和校长来说都有好处，因为，它令人信服地说明，必须考虑影响教学方法选择的各种因素，创造性地准备和进行每一堂课。至于讨论会本身，我们认为，应给予高度评价，并作为交流先进教育经验的形式予以推广。

总而言之，在选择教学方法的最优结合方案时所必须遵循的基本要求，可大致表述如下：

在选择教学方法时，必须首先考虑课堂教学在该阶段所应实现的教养、教育和发展的基本任务。比较各种教学方法的性能，并选出最有成效地完成该具体任务的方法。

在选择方法时，务必考虑教材内容的特点。从上述例子可看出，一种教材内容，根据其难度和阐述特点，可以采用问题探索法来掌握它，另一种内容则无法采用这种方法。

在选择方法时，极其重要的是考虑学生的可能性：他们从事探索活动，用演绎法掌握教材，以及独立实践活动的训练程度，对待学习的态度，学习中自我检查的培养程度，以及工作的精力等等。依据这些情况，可以正确地决定在教学过程中配合使用组织、激励和检查的方法。同时，教师应不断创造有利条件，以运用可发展学生独立性的那些方法。在研究学生时，最好能以教育会诊的材料为依据。班级的学习程度高，用独立学习法学习教材的分量就应有所扩大，运用讲述和讲演方法的比重也可稍为提高，简单的直观教具的使用可以减少。相反，学习程度低的班级，需要采取完全不同的策略来选择具体方法。这里，应以谈话法和直观法为主，略为减少独立学习文献的比例。在这样的班里，需要采取多种多样的方法，因为，除了提供掌握知识的条件之外，还应当保持学生积极的认知兴趣。在一天的课程终结时，学生的工作精力下降，应适当采取多样化的方法和直观教具，以排除学生的疲劳和保持学习专题的兴趣。由此可见，不仅专题的内容，就是听众本身的特点，也要求修正教学参考书有关教学方法的建议。但是，考虑班级的能力，不能理解为单纯的适应。教师的任务在于提高该班的能力。

其次，教师应当考虑本身在使用各种教学方法的可能性。同时，应当想方设法改进教学物质条件，尽量发挥自己在绘画、摄影、艺术等方面所具有的特长。依靠这些特长，可以着重使用某些方法，以补偿在使用其他方法方面的不足。大家知道，采用教学方法的不同结合方案，可以达到同样的教学目的。

除了贯彻上述一系列教学法的要求，以保证教学方法的最优选择外，先进经验表明，在学校中还应具备相应的组织教育条件，其中包括：

1．组织教师自修，以掌握教育科学和先进实践所积累的大量教学方法：研究教学大纲、教科书、教学参考书、先进教学经验材料等等。在这方面，特别有益的是开展选择课堂教学的任务、内容，以及各种教学形式和方法的最优结合方案等操作练习。当然，这种练习不必系统地，而是根据必要性进行。

首先可以建议做这样的练习，在练习过程中，教师先填写方法选择卡片，根据这种卡片，教师要先考虑基本任务和内容难度，然后考虑基本任务和学生的学习程度。

2．掌握选择最优方法的技能的第二个组织教育条件，是教师以所选课堂教学方法的最优化观点出发，开展自我分析活动，明确典型的优缺点，最大的困难及其原因。

3. 改变教师教学联合小组的活动特点。在教学联合小组中，除了讨论检查教学过程的总结外，重要的是经常讨论教师在选择最优教学方法方面的经验，以整体的观点评价是否按照本章所述的选择程序进行选择。在教学联合小组的会议上，最好能使教师学会研究学生的实际可能性，并在选择教学方法时考虑这些可能性，学会根据教学过程中不断变化的条件，掌握随机修正教学过程的方法。

4. 在教学专用教室中创设必要的教学物质条件和学校卫生条件，以便顺利推广多种多样的教学方法。

5. 改变校内检查和视导工作的特点。检查时应着重分析教师用以选择教学方法的程序，教师是否从直觉的、联想的和尝试的选择水平，上升到有科学根据地选择出该条件下教学方法的最优结合方案这一水平。

在先进学校的实际工作中，实现了上述各项要求，具备了上述各项条件，就一定可以提高课堂教学过程的效率，提高学生知识质量和教育水平。同时，这也会改变师生所用时间和精力。如果说，在掌握方法选择的完整程序的最初阶段上，教师备课时间要多一些，那么，过一段时间后，由于获得相应的选择技巧，时间用量就会大大减少，课堂上也会比较省力，因为，教师得以最合理地完成教学教育任务。此外，学生做家庭作业所需时间也一定会减少，因为，各种教学方法的合理配合，可提高课堂教学的教养教育效果。

第八章 消除学生学习负担过重的途径

在信息爆炸的情况下，为了加速知识的掌握过程，而又避免学生负担过重，我国在教育科学方面进行了许多研究。П. М. 厄尔德尼耶夫教授的著作就是属于这一类，他力求找出扩大掌握教学信息单位的办法。他在苏联教育科学院实验学校中从事多年的教学工作，使用的是自己编写的教科书。在这种教科书里，同时安排学习内容上相互对立的某些过程和现象。例如，他认为，同时学习加法和减法，乘法和除法，正定理和逆定理，积分法和微分法等等，这样就可以保证学生加速掌握教学信息，促进认知活动积极化，加深掌握知识的过程。这方面的实验正在继续进行，实验结果将可说明，这些实验能在多大程度上推广到学校实践中去。

我国著名的心理学家Д. Б. 艾里柯宁和В. В. 达维多夫，进行了提高初等教育阶段概括和演绎方法的作用的实验。按照他们的意见，更早地培养理论思维，可以保证提高教学过程的效率，减轻学生的负担。各科教学法的许多专家，在中学高年级也进行了类似的探索，以提高演绎教学法的作用。

在П. Я. 加里培林和Н. Ф. 塔雷金娜领导下，对学生按阶段形成知识、技能和技巧以及利用程序教学问题在小学进行了长期的实验。按照他们的意见，积极指导掌握新教材的过程，逐步从有对象的物质活动过渡到内部语言和积极的思维过程，可以加速学习认识过程，使这一过程更加紧凑。

在新的情况下提高教学效率的问题，不仅学者在努力研究，教师本身也在不断进行探索。在我国，В. Ф. 沙塔洛夫、Н. П. 古济克、Б. В. 波卢博亚罗夫、С. Н. 雷莘科娃、Е. Н. 伊里因等老师的实验已为人人所知。他们合理安排教学过程，力求用较少时间，保证更牢固地掌握教材。В. Ф. 沙塔洛夫利用示范纲要来提高学生对教材的识记，培养独立解决问题的技巧。他的许多教学方式有待于进一步作实验检验。Н. П. 古济克老师很注意培养学生学习劳动的技巧。他对每堂化学课的主要思维过程都作详尽考虑。Б. В. 波卢博亚罗夫老师抓住每一节课的主要问题，并专门用纸写出学习这一专题之后“应当在这方面学会什么知识”，“应当掌握什么技能”。Е. Н. 伊里因在讲授文学时，十分注意教学的说服力和证据力，以及学生在教学中的相互检查。女教师 С. Н. 雷莘科娃积极指导学生的学习过程，从而加速获得教养效果，节省师生时间。

然而，改进教养内容的过程是不间断的。这里，应当兼顾教学的科学性原则和可接受性原则。

列宁在演讲中，多次提到必须细致选择教养内容中的基本事实，不要去搞力所不及的教学工作。他在共青团第三次代表大会的讲话中指出：“我们决不能像旧学校那样，用无边无际的、九分无用一分歪曲的知识来充塞青年的头脑……”接着，他又告诫说：“要使自己的头脑不被一堆无用的垃圾塞满，而是具备现代有学识的人所必备的一切实际知识”[①]。他在全俄共产主义学生第一次代表大会的讲话中号召：“目前，你们要量力而行，不要去做那些力不胜任的事情，要在老年人的指导下工作”[②]。

现在，普及义务中等教育的过渡阶段已告结束，故明确教学的科学性和可接受性之间的相互关系就特别重要。因为现在出现了这样的情况：有一部分学生，由于各种原因学习能力下降，未能受到一般的中等教育，可能感到普通学校、职业技术学校和其他进行中等教育的学校的学业负担过重。特别紧张的是夜校（轮班制学校）和中等职业技术学校。那里，个别科目安排掌握同样分量教材的时间，要比普通学校少。

这个问题非常复杂，因为我国科学技术不断进步，社会不断进步，不能采取简单地压缩教养内容的办法。要是这样做，那是极其错误的。

另一方面，社会也不能安于这样的状况：教学大纲和教科书过于复杂，以致大量学生无法掌握。这不仅可能造成形式主义地施行普及中等教育，而且可能在精神上带来巨大的损害，这样，年轻一代就会认为，无真才实学也能获得社会好评，并且可能养成不应有的依赖心理。

因此，必须保证优选教养内容，使其符合于一定的社会要求和学生的实际学习能力。

所谓实际的学习能力，是指人的心理的、生理的和精神

① 《列宁全集》，第31卷，第254～255页，人民出版社，1958年。

② 《列宁教育文选》，第92页，人民教育出版社，1957年。

的潜力，以及间接起作用的外部条件的总和。这一切以统一的形式保证学习活动取得一定的成效。

学习负担最优化，学生就能深刻而牢固地掌握他们所能掌握的最大限度(指分量和深度)的教材，并且不会超出科学规定的课内学习和家庭作业的时间量，因而在规定的休息时间内，能够完全恢复自己的学习能力。

教材的分量和深度低于最优水平，就人为地降低完成教养要求的进度，减少学习意志力，削弱教学对智力发展的作用，降低大部分学生对学习的兴趣。

教材的分量和深度高于最优水平，大部分学生达不到教学大纲的要求，勉力去做，课堂上既感到疲惫不堪，课外又超过规定用于家庭作业的时间量。这样一来，就会逐渐降低他们的一般学习能力，减少睡眠和户外休息时间，导致体质下降，神经紧张，以后一些专题的学习质量降低，产生难于弥补的知识缺陷，降低认知兴趣，降低利用自由支配时间谋求全面发展个性的积极性。

在评定学习负担时，应当区分教养内容的“深度”和“难度”这两个概念。

教养内容的深度是指教养内容的客观特征，这是由教养内容的数量、质量和它的各个成分的联系体系所决定的，这一切均影响学生认知操作的数量和体系。这种认知操作是顺利掌握教材所必须的。

教材内容的难度(这个概念主要是指主观上的)决定于教学过程的内容同学生的知识储备，同他们的认知活动和实践活动的经验，以及他们的需要和兴趣相适应的程度。难度也取决于掌握教材的时间，掌握同一教材，时间越少，学生感到困难越大。

负担过重的现象有可能是经常的和周期性的、普遍的或者局部的。

1978 年，苏联教育科学院一般教育问题科学研究所实验室的工作人员 A. П. 阿维里扬诺夫、О. И. 帕特鲁舍娃、С. М. 萨阿基扬、И. И. 列维娜、В. В. 布里扬科娃、А. М. 莫伊谢耶夫等同志，在我们领导下，曾经分析了四到十年级学生学习负担的状况。

对这些材料进行分析，可以作出关于学生学习负担过重程度及其基本原因的初步结论。

首先应当指出，只有对学习能力不同的学生分别作调查后，才能发现负担过重的现象。某些作者所发表的平均数字，在科学上不能认为是正确的，因为这些材料人为地掩盖了学习负担过重的事实。

学习负担过重的现象，在不同班级，不同科目，表现方式各不相同。这也需要分别加以说明，而不是作泛泛的描述。

从人文学科方面来看，不能在规定的家庭作业时间内完成作业的四年级学生占 8%，五年级占 10%，六年级占 10%，七年级占 20%，八年级占 25%，九年级占 60%（И. И. 列维娜和 В. В. 布里娅科娃的调查材料）。

数学方面，七、八、九、十年级的学生，大大超过规定的完成家庭作业时间量者大约占 40%（С. М. 萨阿基扬的调查材料）。按照其他的材料，八年级学生占 25%，九年级学生占 29%。

在自然学科（生物、物理、化学）方面，超过规定的家庭作业时间量的十年级学生占40%（О. И. 帕特鲁金娃的调查材料）。

必须强调的是，这里所说的那些学生，都是力求认真细致地做好作业的学生。至于做作业不认真细致的学生，当然不会用去所必须的时间。这又一次说明，对学生作一般的了解，随后就作出平均计算，这种数据是不正确的。

在过去的一些年里，造成家庭作业所用时间超过学校卫生学对每个班级所规定的时间量的基本因素有：

1. 教学大纲和为相应年级学生编写的教科书中，有些章节的程度太深。

2. 学校教科书中，有些章节的论述方法不够完善，教师在教学过程中讲述也不甚得法。

3. 教学大纲和教科书规定的教材分量，不合乎实际上安排的教学时数。

上述导致学生学习负担过重的各种因素，也是由诸多原因所造成。这些原因可以归纳为三大类：科学方法方面的原因，教学方法方面的原因和组织管理方面的原因。

科学方法方面的原因包括：

——讲授个别专题的方法没有很好研究。

——各科的教学法课程，没有按照相应章节，具体规定出家庭作业的分量和深度。

——没有很好研究有关年级各个学科家庭作业类型和分量的协调方法。

——一些专题和章节缺少必要的教学参考材料，缺少有助于学生更好理解教材的新直观教具和技术手段。

——过分夸大高速度的教学原则的意义，导致教师每堂课都讲授新教材，因而没有足够的时间来巩固这些新教材。

表现在教师活动中的教学方法方面的原因包括：

——有些课教学效率很低，原因是教师不善于把注意力集中在主要的、最本质的教材上，不善于选择教学方法的最优结合方案，不善于正确地分配讲授新教材和提问的时间，因而个别提问占时间过多，新教材的讲解反而浮于表面。

——不重视引导学生在课堂上学习课本内容，这就人为地造成他们在家里学习教材的困难。现在，还时常有不合理地使用课堂教学时间的现象。要知道，每堂课只要浪费三分钟，在整个教学时间里就要损失将近700课时(而五到十年级生物课的教学时间只有320课时)。这就必然把掌握教材的重心，从课堂教学转移到家庭作业上，因而造成学生负担过重。

——教师对培养学生合理组织学习劳动的技巧很不重视，特别是对培养阅读和书写的应用速度，拟定提纲和在学习中进行自我检查这样一些与学习成绩有高度相关的技能方面不够重视。这就使得学生甚至在掌握较简单的教材方面，在阅读文艺书籍和其他书籍方面，在做书面作业，特别是在中年级做作文方面，也感到负担过重。被询问的480名教师中，有80%以上的教师，在培养学生的学习劳动技巧方面感到困难。

——在实践中不能很好地利用有关对差生进行有区别的小组教学和个别教学的经验介绍。遗憾的是，通常只在作业的深度上有所区别，而不是在教师对学生的帮助方法上有所区别。被询问的480名教师中，有53%的教师在组织有区别的教学方面，感到困难。

——一个班级的各科教师，很少协调家庭作业的分量，每个教师很少按规定给该科的家庭作业时数来布置家庭作业，在课堂上没有就如何做家庭作业问题对学生作应有的指导，尽管布置家庭作业的方法，科学上已作规定。

——教师不重视防止学生家庭作业负担过重的教育措施。

——换课的数量太多。例如，莫斯科一个学校的教导主任，1979 年二月份，不得不在四到八年级中调换 180 节课。其中，以其他学科对换成功者，只占 80%。自然，就只好加重学生的负担来弥补失去的课时。

组织教育方面的原因包括：

——没有很好地检查执行苏联教育部关于家庭作业的性质和分量的指令性规定。

——在师范学院和教师进修学院的教学大纲和教学参考书中，没有很好地反映教学过程最优化的原则和方法。

——没有很好地组织教师在这些方面进行自修。

要消除上述学生负担过重的原因，就必须在科学研究、教学方法以及组织教育方面采取一系列的措施。

由于本书直接面向校长和教师，所以我们只扼要列举教育科学最近采取一些具有科学性的措施：

——按照学习负担最优化的统一准则，删除教学大纲中过于复杂的和次要的教材。

——完善培养学生学习劳动技巧的统一大纲，这个大纲可以保证提高学生学习活动的效率。

——出版和准备出版关于学生做家庭作业的合理方式方法的推荐材料和小册子。

——在教学法课程中更加重视家庭作业问题。

我们有理由认为，删除教科书中复杂的和次要的问题，就能对每一学科内容中的基本问题加深学习，从而普遍提高学生的学习兴趣，因为，在掌握知识过程中获得成绩将激发新的努力，防止学生的疲劳。

由此可见，安排学习分量适当，可避免负担过重，促进学生学习，迅速提高学习效率，更好地培养毕业生升学和参加生产劳动。

学生学习负担最优化有赖于课堂教学方法各个成分的完善。要知道，为防止学生家庭作业负担过重，首先应这样来安排新教材的课堂教学：使全体学生能够掌握所学专题的基本理论原理，理解有关做这个专题典型作业的方法的解释，并在教师指导下做好练习，完成作业。因此，不管是拟定授课计划，还是安排提问和讲授新课的时间，以及进行课堂教学，教师都应把重点放在讲授新教材上。我们以前已提出这样的意见，但是，现在应当以新的观点再次强调：在这个时候，必须抓住主要的、本质的东西，必须把注意力放在该专题的一些问题上，以使学生在做家庭作业时能够抓住教材的这些关键问题，并迅速掌握本节的所有其他内容。应当指出，这种看来显然是有益的教学手段，并不都能付诸实现，甚至有经验的教师也在所难免。例如，我们都记得，一个很有经验的物理教师上了一堂《连通器》的课。课上，教师举了生动的例子，说明开凿运河时如何利用连通器原理，给学生看了水闸的模型、动力的挂图，通过这些教具很容易看出使用闸门的过程。他也讲述了建筑白令海峡大坝的宏伟计划，建筑这个大坝可以大大改变北部地区的气候，并讲述了许多其他的有趣事实。然而，可惜得很，这位教师只匆忙地谈到何以连通器中的同样液体处于同一水平上，投有引导学生注意插图中对液体在连通器左部和右部的压力所作的比较。结果，学生在该课总结性提问时不能回答核心的问题，这当然会给他们的家庭作业带来很大的困难。

因此，我们想再次提请教师们注意：一定要大力加强课堂上使用教科书的工作。在传统上形成了这样一种看法：在讲授教材时，学生不应当利用教科书。这种看法造成的后果是，许多学生只是到家里才开始打开课本，因而在掌握教材方面感到极大困难，因为教师讲解新教材的逻辑往往与课本的叙述逻辑不同。我们认为，这种传统需作根本改变。在捷克斯洛伐克的学校里，学习新教材时，十分充分地使用教科书。我们在布拉格第一学校听了一位女教师的几堂物理课。这位教师在课上同学生一起学习课本材料，作了一些生动的补充，从科普读物上举了一些生动的例子，但她严格遵守课本阐述教材的逻辑。这样一来，学生就掌握了新专题的许多最重要的原理，在家里只要巩固已学知识，做些练习，形成运用所学知识于实践的技能技巧。在这种情况下，学生们自然能够在作息制度规定的时间内顺利地完成所有作业，并且不会感到学业负担过重。这样，也无损于教师的威信，因为学生事前就了解，在课堂上学习教科书，便于他们做家庭作业，同时又看到教师除了教科书的内容外，还懂得许多东西。上面所说的，并不意味着在任何情况下都要这样做。有时，教科书的材料很简单，不需要在课上那样详细地学习。有时，教师考虑到教学法问题，不得不在阐明概念的逻辑上，和阐述专题的顺序上作些改变。但这毕竟是脱离一般做法的少数情况，我们的方向还是加强课上学习教科书。这一点对我们来说具有重要的意义，它是防止学生家庭作业负担过重的重要手段。

选择最优的教学结构，最优的教学内容、形式和方法，对消除学生家庭作业负担过重现象也有直接的关系，因为最优化本身正是为了节省学生的时间，并把它作为最重要的准则之一。尤其要强调指出，语文、数学、物理等科优选必要数量的练习，对形成学生必要的技能技巧具有重大意义。有些教师力求用扩大练习数量的办法来完成这个任务，没有设法从每道练习题中去获取最大的教养效果。教学的技巧就在于通过一、二道练习，向学生指出解决该类习题的一般方法，并教会他们解决类似性质的其他习题的特殊算法。近年来出现了许多教学法的著作，表明可以从一道数学题中得到很多有益的东西，借以研究一系列问题。因此，教师们最好学习一下数学教学法和Ю. М. 卡里扬金编的解题方法①。近年来，还出现了一些著作，介绍在讲授有关专题时如何选择适当数量的练习。各位教师学习一下这些著作也是有益的。教师们愈快学会从同一练习中，从解决一道习题中获得最大的教养效果，他们就会愈快掌握选择的本领，能够选择必须的课堂练习和家庭作业的最少量。而这将有助于消除学生负担过重现象，同时提高教学质量。

我们所研究的这个问题，同选择课堂上最少量的必要演示、图解、技术手段等，也有直接的关系。这种情况，初看起来，似乎同教学过程中应广泛利用直观教具和教学技术手

① 见В. А. 奥加涅西扬等著：《中学数学教学法》，莫斯科，1980年。

段的一般提法有矛盾。但是，分析教学实践表明，往往出现这样的现象，课堂上滥用直观教具和技术手段，有损于学习该专题的基本思想及其意义，有损于练习、独立作业等等。诚然，也可以举出不重视教学技术手段的相反例子。然而更重要的是及时提出警告，直观教具和教学技术手段的利用，首先是为了阐明所学问题的本质，它们应当节省学生和教师学习新教材的时间。当然，这里主要取决于技术手段本身的性能。例如有些影片包含许多次要问题，内容冗杂，与所学新课题的要点在逻辑上并没有紧密的联系(如有关“牛顿定律”的影片等)。在这种情况下，如同其他许多情况一样，教师应当学会只利用影片的片断，以便抓住主要目的，帮助学生掌握该专题最本质的东西。改进使用直观教具和教学技术手段的方法，对教具和技术设备制造者的工作也会产生影响，他们在制作这种教学设备时，也有责任遵守节省师生时间的原则。

消除学生学习负担过重问题，同在课堂教学中采用培养学生对学科的兴趣的方法，有着最直接的联系。这种方法包括创造情绪体验的情境、饶有趣味的情境、认知争论的情境、学习成功的情境，以及各种认知性游戏、学习讨论等等。在过渡到普及中等教育条件下，培养学习兴趣的意义更加重大，因为现在在九年级和中等职业技术学校学习的还有过去未能受到完全中等教育的学生。这里，教师们甚至有这样的说法：一部分学生的学习兴趣有下降。其实，不是学习兴趣下降的问题，而是正在接受中等教育的成员之中，有这样一部分学生，他们需要给予特殊的影响，以培养他们的学习兴趣。正是这部分学生经常感到家庭作业负担过重，因为他们既然对学科不感兴趣，就不期而然地降低了学习积极性，感觉不到学习的内驱力，因而对学习漠不关心，不能专心致志地完成作业，做作业时不能表现应有的毅力，一遇困难就不做作业了。因此，培养学习兴趣问题，当前要比在施行八年制普及教育时更为迫切，必须坚持不懈地寻找教学法手段来解决这个问题。解决好这个问题，将有助于消除一部分学生学习负担过重的现象：做作业的时间一样，但疲劳可以减轻，因为，有兴趣地做一项工作，所耗精力要少得多。

请注意，消除学生负担过重还有一个重要的条件，这就是在学校和家中为学习活动创造最良好的卫生条件、道德心理条件和审美条件。只要提一提下列事项就够了，甚至是略为违反学校卫生规则，如教室通风不良，光线不足等，都会大大降低学生的课堂学习精力，从而降低课堂上掌握教材的效率，然后，做起家庭作业来就会感到困难，引起负担过重。

在研究教学最优化的程序时，我们已经强调指出了选择家庭作业的适当分量和深度的重要性。这个原理对消除学生的学习负担过重也有直接的关系。

在教育文献中，不止一次地重复了如下建议，甚至写成教学经验：通过大力强化课堂的教学过程，而不留家庭作业。我们的经验表明，从原则上说，有些学科的某些专题，可以实行这种方法。但是，分析这种做法的广泛实践表明，取消家庭作业对学生的知识质量，特别是对他们技能的形成，产生了不良的影响。要知道，每个学生的学习活动速度是有所差别的，他们的记忆和思维类型也各不相同。因此，最好布置学生独立学习教科书的课文，在家里做练习和实践性作业。这样做之所以必要，还由于在班级授课条件下，学生在心理上不能表现出充分的独立性，因为他们不由自主地要考虑教师对他们学习的指导，以及帮助同桌同学等。从心理上说，重要的是使学生处于完全独立的情境，个人对完成作业的质量负责。学生掌握不同学科的能力是有差别的，因此，不能把全部工作仅依赖于课堂学习。某些学生往往需要自己阅读教科书的课文，不是只读一遍，而是读二三遍，另一些学生则要用更多的时间来解题，如果他们用演绎的方法解决有困难，可以采用归纳探索的方法，如此等等。因此，不是取消家庭作业，而是把家庭作业压缩到每个学生所必须的最低限度，作业的分量和程度应有所区别，对学生做作业给予不同程度的帮助，可采取口头指导，或采取书面辅导卡片作指导。这就是学生的家庭作业在最近的将来就可以做到的最优化的基本途径。在这种情况下，必须更精确地协调各科家庭作业的分量。为此，在实际工作中采用了这样一些方式：课前，在专用黑板上或在黑板的一定角落上写出各种的家庭作业，指出大致所需时间。班主任定期有选择地检查作业的分量，使它符合于现行的规定。第二种方式：学生们在日志上写下该日做每一科家庭作业所必需的时间，并由班长向教师汇报所出现的学生负担过重的情况。第三种方式：在教员室里填写每周向学生布置的家庭作业一览表。第四种方式：在班主任主持下，举行该班任课教师教育会议，精确分配该班该学季的家庭作业时间，每个教师应当执行这种规定。每个学校的教学集体，可以根据具体条件，选择使用最合理的协调方式，或者配合使用其中的某些方式。现在，确定家庭作业分量切不可再放任自流，班级教师之间也不可不作协调。放任自流，结果可能出现某周或某月的某些天作业过分集中，因而学生敷衍完成作业，或者相反，另一些日子，负担过轻，破坏学生学习活动的正常节奏，因而对学习效果产生不良影响。应当更好地引导学生做作业的顺序，指出可能发生的困难，克服困难的方法，以及完成作业的合理方式。在改进家庭作业工作的第一阶段，最好要考虑学生做作业所需时间，建议学生把所用时间写在日志上。

必须经常采取促进学生学习活动合理化的各种教育措施。大家知道，学生教育水平不高，也是负担过重的一个重要原因。另一方面，负担过重的现象一旦产生，对学生的教育及其个性的形成，也会产生极其不良的影响。

课下作业时间缩短，学生就可以根据对学科的喜爱程度、授课教师的严厉程度和下次提问的日期，有选择地做家庭作业(T. H. 玛莉科夫斯卡娅、A. M. 莫伊谢耶夫的研究结论)。

这种情况，对学生的道德教育来说显然是有害的，因为这时学生侧重的不是知识，而是如何应付考查，以及形式主义地对付作业。负担过重，对家庭作业的效果也会产生不良的影响，它不利于培养积极的学习态度，尤其不利于培养自学习惯。课前没能准备好功课的学生，在上课时所产生的那种紧张状态，大大妨碍组织班级进行创造性的认知活动。

有鉴于此，现提出下列防止学生负担过重的教育措施：

——在教学过程中研究和照顾学生个人和班级集体的特点(利用教育会诊的材料)。

——加强学生的集体认知活动，在学习中互相帮助(与其他活动形式相配合)。

——在少先队和共青团的社会工作中，委托做一些与教学过程直接有关的工作(如做实验员，辅导员，助手，图书馆积极分子等)。

——组织认知性的专题课外活动(问答比赛戏，奥林匹克竞技比赛，竞赛，智力测验游戏，学科晚会，出版学科报，举办学科周，理论讨论会，辩论会，提问与解答晚会，与学者会晤等等)。

——在共青团会议和班会上提出和研究学习问题，提高学生对学习成果，包括完成家庭作业的责任感；广泛利用向列宁汇报和少先队进军的机会进行教育。这时，注意的中心应转移到学习活动的质量方面。

——在学校里组织以学习劳动技巧武装学生的专题活动(科学地组织劳动的讲座和讨论会)；宣传学生劳动的好经验(展览会、报纸、观摩等)；在小组、选修班、学校共青团和少先队积极分子俱乐部、讲演组、政治时事小组等活动中培养学习劳动的技能和技巧。

——向家长介绍当前的教育特点和教学教育过程特点，介绍学生家庭作业的合理组织方式，告诉他们在家里应为学生的学习创造良好的条件(安排学习地点、排除干扰、设立家庭图书室、订阅期刊等)。

在谈到防止学生负担过重的教育措施时，应当注意到，目前，学生在许多课外小组的活动负担也有过重的现象，致使他们在做家庭作业时过分疲劳，他们缺乏必要的时间来做作业。因此，从教育的角度检查学生参加课外活动的合理程度是很有好处的。但是，在学校的实际工作中，普遍地存在相反的现象：尽量不吸收差生参加课外教育活动。这样，这些学生就失去了可激发学习兴趣，培养责任感、组织性的强有力手段，以及其他在社会活动中才能形成的宝贵品质。

学习负担最优化的组织教育措施是很多的，从这些措施中，我们想着重指出，在实际工作中，必须执行苏联教育部所通过的旨在防止学生学习负担过重的教学法建议，其中包括执行这样一些要求，如合理编排日课表和周课表（包括不要连排课）；不得用上课时间搞群众性活动；不要让学生在上课时间搞各种值日活动；不布置星期一要交的家庭作业；避免在课堂上或在家里做费力而低效的作业（复制图画和地图，阅读供高等学校用的教科书，抄写有关历史、社会学、地理、生物、物理、化学的文章和文摘）；只留俄语、文学、数学的考查性书面作业，只留数学、物理、化学的考查性习题；历史、社会学、地理和生物不得布置书面家庭作业；图画、唱歌、劳动和体育不得布置家庭作业；一天的测验不得超过一次，一周不得超过两次；不得把书面作业集中在学季末做；上课时应十分注意复习以前学过的东西，讲解新教材要有一个最低的时间限度（四到七年级不少于 18 分钟，八到十年级不少于 25 分钟）；要安排足够的时间巩固教材；次要材料和没有说服力的例子不得充斥课堂；不得用学生的议论代替教师的讲述，这些议论教师可以重述；不得把学习时间用于各种娱乐性的招待会，或用在冗长的记录上，不要在班上作无目的的阅读课本，不要做无准备的作文。

由此可见，消除学生负担过重问题，不能单纯从学校活动的某一方面来解决。这里，需要采取综合措施使学校整个教学教育过程最优化。

在谈到消除学生负担过重现象的途径时，不可忽略某些学生也有感到负担过轻的现象，这种情况也会产生有害后果：降低他们学习的紧张度。因此，莫斯科第一百零二学校的教师们特别注意根据每个学生的学习可能性，使之都有足够的学习量，他们向许多优生布置补充作业：如再找一种解题办法，从生活和科普读物中找出补充实例等等。

最后，必须再次强调指出，学生学习负担最优化的各种措施，目的在于提高而不是降低培养毕业生的质量，使他们能够升入大学学习，参加生产劳动，参加社会文化生活。要做到这一点，就必须正确地利用选择科学基础知识的各条准则，并在教学方法和组织管理方面采取各种措施。现代学校教学教育过程最优化的措施体系的意义，就在于既消除学生的过重负担，又提高培养毕业生的质量。

第九章　关心节省教师的时间

教学最优化的目的不仅在于提高教师的工作效率，而且在于节省他们的时间和精力，这是教学过程最优化的重要特点。设法向教师提出新的职责，要求他们在课堂上更紧张地工作，要求他们加强对学生课外活动的指导，这并不困难。有些教育家正是这样做的，他们建议采取各种可能的手段，强化教师的劳动，要求他们在课堂上同时做好几项工作：指导学生独立学习，检查他们的家庭作业，听取一些学生回答并检查另一些学生在黑板上的书写，每日检查学生的全部书面作业等。我们对这些建议持十分怀疑的态度，因为它们不符合教师的实际可能性。教学论应当以教师的标准工作量为根据，要考虑到班级的实际人数已达饱和状态，以及他们整天整周都必须积极开展工作等情况。

教学最优化就是要设法使教师摆脱某些十分普遍的，却是不合情理的时间消耗，如补课，为积累记分而进行的课外提问，学季末同差生谈话，暑假给差生补课，解决由于成绩不良或行为缺点而产生的与学生的冲突等。实施最优化，就可以不必做过多的课堂练习，不向学生布置过多的家庭作业，不要求学生做低效的课外作业等等。避免或尽可能避免把时间用于返工劳动和克服教学缺点，这正是教学最优化的一个基本要求。

然而，如果教师不开展一定形式的活动，也不可能实施最优化这个教学原则。这些形式的活动，许多教师过去却往往以时间不够和工作太忙为借口不予重视。300 年前，拉勒留伊耶尔就写道："不善于有条不紊地利用时间的人，总是第一个抱怨时间不够用"①。

在贯彻最优化原则方面所采取的那些活动，都是最必要的，而不是额外的。如果教师不能很好地了解学生，不会综合规划教养、教育和发展的任务，抓不住教学内容中的要点和重点，不善于选择教学方法、手段和形式的合理配合方案，那么，教学过程永远不会有成效。教学论把教师活动的所有这些方法和形式概括起来，构成一定的方法体系。这个体系综合起来，可以保证教学的最优化。但是，分析实际工作的情况表明，远非所有教师都能综合应用上述教学最优化的各种方法。

不必讳言，现在有许多教师并没有按照某种特定的大纲来研究学生，往往是发生了一些使教师感到麻烦的事，才去了解学生的情况。这样一来，就产生了对学生的某种片面看法，而教师又往往按照这种看法来对待学生。在国外教育中，大家知道搞过一些实验，那时，教师所得到的有关小学生的鉴定材料分明是不正确的：差生得到好评，优生反而得到劣评。在第一学季就出现这种情况：以前成绩好的学生降低了成绩，而成绩差的学生却得到及格的成绩。对学生的看法不正确，对他的要求也不会恰当。成千上万的例子可以说明，教师对学生的看法，如果没有以一定的研究学生的方法

① 让·戴·拉勒留伊耶尔：《性格》，第 302 页，莫斯科，1964 年。

作为依据，就往往是错误的、片面的。所以，在进行教育会诊时，我们不止一次地发现，教师对同一个学生的看法，特别是对学习落后原因的看法，有很大的分歧。如果教师认为，学习落后的基本原因通常在于懒惰，那么，对待这种学生的方法往往是错误的：对学生一味责备，而不是帮助学生设法克服学习劳动技巧方面的缺陷。对于这种严酷的要求，学生的反应往往是急躁、粗暴、不守纪律，甚至不愿学习这个学科。教师为这种反应所激怒，开始采取惩罚的办法，一次又一次地给打不及格的分数，向家长告状，这就表现为与学生的冲突，与班主任和班级积极分子等的冲突。在这些方面花了许多时间和精力，效果往往微乎其微，甚至是相反的。本想在研究学生方面少点时间，反而花去不必要的大量精力。如果在学校中加强对学生的了解，就会大大减少教师与学校领导人之间在提高学习成绩要求方面所发生的冲突。因此，加强对学生的了解不是加重负担，而是提高教学效率的必备条件，因而也是完成各种教学教育任务时避免“返工”的条件。在我们看来，那种教学好比荡秋千：虽然我们很用力，但不合运动节奏，手上可能打起泡泡，秋千荡不高；如果运动合拍，虽不费很大力气却可得心应手。教学与此有些类似：如果我们很好地了解学生，使得活动的节拍符合他们的可能性，那就能较轻快地取得成效。

最优化教学法号召加强对学生的研究，同时特别注意，以使此项工作尽量少占用教师的必需时间。本书所提出的了解学生的大纲，总共只有七点，而不像高等师范院校心理教育鉴定中所建议的三四十点。教师不必采用复杂的研究方法，建议他们平时在课堂上对学生进行观察并分析书面作业就够了。不要求详细写出每个学生的书面鉴定。全班的鉴定只须写在一大张纸上，鉴定内容按规定的记号填写，重点放在选择集体的措施，用以消除学生成绩不良或行为不佳的原因。

遗憾的是，国民教育机关的领导人在努力贯彻最优化原则时，除了我们所提出的研究学生的最低限度大纲外，还补充了许多建议，这些建议是从社会心理学中吸取进来的。结果大纲变得非常庞大，教师根本做不到，因而引起他们理所当然的反对。关于组织教育会诊，可以说也是如此。上面我们指出过，组织会诊应当根据必要性，开始时先讨论三四个学生，然后逐步扩大范围。在掌握编写个别学生鉴定的技能之后，教师再写全班鉴定所用时间就会少得多。

下面再举综合规划课堂教学任务为例。有些教师抱怨："过去只需考虑教养任务，而现在还要拟定教育和发展任务！"其实，只要使教师稍稍了解这方面的工作经验，就会使他们相信，深入考虑教育和发展任务，可以更快地完成基本的教养任务。我们想提请大家注意，为避免教师负担过重，最优化教学法不要求教师务必书面写出每堂课的任务。我们已多次指出，必须做的只是综合地详细考虑这些任务。为避免教师负担过重，我们建议只选写几节课的授课计划，作为综合拟定课堂教学任务的练习。不可用行政手段要求在授课计划中详列教学任务，否则就不符合最优化的思想。对教师的授课计划，在要求上也应有区别。如果说，对于初任教的教师，可以向他们建议把授课计划写得详细些，那么，对于有经验的教师，就不必如此要求，应让他们采取更适合于他们的方法。有些校长反对这种意见，他们以为，没有书面笔记，就难以检查教师是否拟定课堂教学任务。但是，许多校长和副校长的经验表明，如果听课之前先提出这样一个问题："这一课你提出哪些任务？"那么，就很容易发现教师是否善于综合规划课的任务。在发现缺点时，再向教师建议做书面工作，写出下一个专题的课堂教学任务规划，并介绍有关文献让他自修。我们建议写规划的纲要有助于教师更迅速地考虑课堂教学任务，因为，其中列举了可能的教养、教育和发展任务等各项内容，教师只要从中选出适合该课内容的任务便可。有些教师把写规划的这种纲要记在自己的工作笔记上作为指南，他们的工作就做得很好。由此可见，在规划教学任务方面，最优化教学法也要求节省教师的时间和精力。

K. C. 斯坦尼斯拉夫斯基在推广舞台动作任务的设计方法时说道，这种方法是多数演员所必须的，虽然也有一些大师，他们依靠自己的天才，早就独立地、直觉地掌握了这种技能。E. И. 萨茨举了下面的例子证实这一点："E. П. 柯尔察金娜－阿历克山德罗夫斯卡娅曾听了 K. C. 斯坦尼斯拉夫斯基谈到演员必须亲身体验舞台角色的真实感受，要懂得任务以至最高任务之后，柯尔察金娜就说：'这简直太妙了。你的见解多么高超，你是多么博学多才！……可惜，如果我一登上舞台，一心想着你提的那些要求，那我连自己的角色也就忘掉了！'（哄堂大笑）。K. C. 斯坦尼斯拉夫斯基就此说道：'你是一个天生有才能的演员例子。这种才能不需要任何理论。但是大多数演员……"'①。

① H. 萨茨：《我的生平》，第 319 ~ 320 页，莫斯科。

教学最优化要求抓住每课内容的要点和重点，可以直接节省教师的时间。建议适当选择教学方法与节省教师时间也有关系。我们所提出的比较教学方法效率的评价方式，有助于从许多教学方法中迅速选出能够顺利完成相应教学教育任务的某些方法。这种方式的纲要已印在教师工作笔记中，不必重抄。它可以帮助教师迅速地和更好地选出所需方法。在授课计划中不必写出所选择的方法，因为，写出如何讲授新教材本身，已反映所选择的方法，这些方法提供完成所提出的课堂教学任务的捷径。如果教师不善于选择有效的教学方法，那么，他们往往不得不在下节课提问时再补讲，这样，就会缩短学习新专题的时间，讲课就会匆匆忙忙，效果较差。方法没选择好，教师就会失去信心，教起来也就缺乏明确目的，这种现象对学生也会产生不良影响。他们的注意力会开始分散，抓不住讲解的线索，不能掌握要点。这又反过来使教师产生急躁情绪，打乱讲解专题的逻辑。教学方法选择正确，就会避免各种多余的活动。教师善于选择教学方法，他们达到目的靠的是巧妙安排，而不是增加时间。

在对差生和优生进行有区别的教学方面，节省时间的可能性较难证明。在这种情况下，教师只能挑选有区别的作业、辅导卡片等，这些东西，将来应当印刷出版。

综上所述，我们有理由下结论：正确运用教学最优化的基本方法，不会造成教师负担过重，因为，不管是研究学生的方法，还是抓住主要内容，或是选择教学方法，都是旨在节省教师的时间和精力。开始时多花一些时间是绝对必要的，以后随着实施最优化经验的积累，就会逐步减少时间消耗量，再后还会得到大大的补偿：不仅节省时间，而且在教学、教育和发展方面获得更大的效果。

除了在学校中运用教学最优化的基本方法外，最好还要利用节约时间的某些专门方式。И. П. 拉钦科所著《科学地组织教育劳动》(莫斯科，1972年)一书提出许多有价值的建议。在科学地组织教育劳动的文献中，关于这个问题，还提出了许多其他的建议。下面略举其中的一些建议：

1. 利用学科的专题教学进度计划和教学法参考书。教师在选择最优教学方案时，即确定该课在整个教学体系中的地位和它的最合理结构，并且选择可行的实验、演示等，利用这些材料可以避免多余的尝试和错误。

2. 利用去年某些专题的授课计划，但不是单纯地重复一遍，而是取其精华，避免重犯过去的错误。当然，这只有在下列情况下才能做到：上完课以后，教师作了自我分析，发现了成功和失败之处。我们到现在还保存着一些授课计划，这些计划是做物理教师工作时制订的。在这些授课计划的页边上有着各种记号：特别成功的地方用感叹号(!)，方法方式用得好的地方用正号(+)，不成功的地方用负号(-)，如此等等。在某些地方，还有引证教科书等的记录。

3. 授课计划采用活页卡片形式有助于节省时间。这样，平行班级就可用活页卡片加以替换，便于用新的成功方法来充实授课计划。授课计划纲要可以是很扼要的，包括：课题，课的任务(不一定都要填写)，提问的内容，讲授新教材，巩固和检查的练习，家庭作业，设备和参考资料。用活页卡片编写授课计划，可以依据不同班级的特点等，改变计划各个组成部分的位置。在写授课计划时，可以采用特定符号，如Д.3. 表示家庭作业，Унр. 表示练习，如此等等。

练习题不必抄在授课计划里，可以利用分发性的教学材料，把这些材料贴在活页卡片上。在莫斯科和基辅，许多学校使用印刷的授课计划纲要。

4. 用资料袋和目录卡的方法来保存教学材料、报刊文摘、编码底片、幻灯片等，这样可以节省时间。每个专题都有资料袋，放在专用箱里，按顺序编上号码。袋里也存放授课计划。保存这些材料，供以后工作中利用，这样可以节省教师许多时间。切勿复制这些材料送给教学法研究室或在教师室展览，只能展示这些材料的孤本。

5. 建立制度，在专用教室中分类保存仪器，仪器的存放地点有目录索引可资查找，建立合适的挂图储存室并有醒目的索引，可以使教师的活动合理化。数学教师常常使用带有习题图解的移动黑板，以免二次、三次地重画。许多学校采用投影装置和遮光设备的自动化控制，利用影片片断等。例如 Б. И. 杰格济扬列夫老师(顿涅茨克第四十五学校)为节省时间，发明了连续胶片，用于自动控制的编码显示器。

6. 吸收学生实验员当助手，在课前，特别是实验操作前，协助准备装置、仪器和教具，可以减轻准备工作。

7. 备课时按图书目录参阅资料，可以大大节省教师时间。在授课计划中注上新发表的文章目录，这有可能更有助于选择课堂教学任务，教学方法和形式等。

8. 一周中安排一天用于在学校教学专用教室里集中备课，这也可以节省时间，那时，教师手边有必要的书籍和教学参考资料等。集中准备几节课的授课计划，这有助于更好地选择课堂教学的任务，教学的方法和形式等。

上面，我们评述了节省备课时间的若干方法。但是，上课的时候，也还可以看到许多徒劳无益地消耗时间的现象。要知道，一节课只要损失五分钟，一学年就损失四个星期。根据Г. С. 赫里斯丘克(顿涅茨克市)的材料，在劳动实践作业中，生产的时间共占该作业教学时间的48.5%，准备和总结的时间占19.3%，无效时间占32.2%[①]。缺乏经验的教师经常浪费宝贵的时间：把时间花在安排学生进教室或专用教室，而不是要求他们在上课铃响之前进入教室。组织教学占用三分多钟，教师才使班级安静下来，又花时间去记缺席人数，而不是从班长报告中了解情况，没有引导儿童及时准备好上课必用品，没有立即向学生提出学习任务等等。教师往往事先没有定好提问何人，花较多时间从点名簿中寻找学生的姓名。提问时间往往安排同大量学生谈话，超过了实际规定的时间。

结果，提问第一、二位学生比较详细，第三、四位学生则问得匆匆忙忙。这样一来，教师评分的根据就不充分，无法提出下一步如何学习教材。

有时，教师本来有可能叫两个学生上黑板先画图和书写，但现在只叫学生一个一个地上黑板做。

杰格济扬列夫·博里斯·伊凡诺维奇老师，若干年来，建议顿涅茨克市第四十五学校毕业生在考试之后回答调查的问题，借以查明高年级学生在传统的课堂提问中如何支配时间。问题大致是这样："同学答问时你在想什么?"总共查问了526位毕业生。回答结果如下：

① 参阅《学生劳动技能的培养》，第29页，莫斯科，1977年。

顺序	答案内容	答案数字	
		人数	百分比
1	注意同学的回答	78	14.8
2	考虑如果老师现在提问他们要怎么回答	102	19.4
3	思考所学教材	49	9.3
4	考虑所学科目以外的其他各种事情	283	53.8
5	做无关的事(阅读文艺书籍等)	14	2.7

从这些材料中可以看到，大多数学生不注意同学的回答，不注意当时所学教材。

这些材料和研究课堂提问的教学效率的许多其他材料说明，在中年级和高年级，这种效率的作用有所夸大。事情很明显，个别提问有时甚至占了40%的课堂教学时间。最优化原则当然不可能统一地硬性规定各个年级和各个专题在提问方面最少或最多可安排多少时间。必须根据每一具体情况，考虑提问对掌握新课题，对检查联贯地表达自己思想的技能，以及对积累评分等的作用，来决定提问所需时间。在某种情况下，上课可以不作个别提问，而只作全班性谈话，在另一种场合则相反，必须比平时花更多时间作个别提问，也就是说，方法上必须作有根据的选择，选好这种检查形式的方案。为了提高提问的效率和节省时间，在低年级和中年级采用信号卡片、译码器(德涅伯罗彼得罗夫斯克市 K. C. 哥尔巴托夫老师所研究制定的一种方案)①的形式来回答问题是很有好处的。这一切，再次证明应当详细考虑提问的性

① 参见《初等学校》杂志，1976年，第3期。

质，在提问过程中要抓住基本的和主要的东西，明确地提出问题，恰当地说明评分的理由，引导学生纠正同学回答中不精确的地方。这样，在课的这一阶段就有可能节省不少时间，并提高其教学效率。

在讲解新教材方面，通过观察表明，阐述众多次要问题，用过多时间去罗列大量同类型的例子，这是因为不善于把注意力集中在主要的、最本质的成分上。有时在试图组织研究问题的教学上也往往占去过多的时间，因为学生当时还不具备足够的知识和技能，不能独立证明所提出的假设，作出概括。有时会出现某些基本问题的问题情境，结果又是枉费时间。

在使用直观教具、演示实验方面，也并不都能掌握好适度。在讲解时，有些教师不是考虑使用最少数量的必须教具，而是尽量演示所有东西，以致没有时间提问和巩固教材。不能合理使用电影和幻灯也往往花费过多时间，这时，演示了大量材料，但与课的专题有关系的只是某些片断。有时，教师的讲解和电影重复，这不仅无效地消耗教学时间，而且降低学生的兴趣。

为克服使用技术手段方面的这些缺点，苏联教育科学院，在C.Г.沙波瓦连科领导下，研制了一些专用的教学法卡片。参考这些卡片，就有可能选择教学过程中使用技术手段的合理方案。更加注意放映教学短片，电影片断，有机地同课堂教学的内容结合起来。

在课上做独立作业时，学生把许多时间花在无效地抄写题目、实验须知上，以及作其他资料性的记录上。为了改变这种现象，现在已经开始使用印有基本要求、实验须知的笔记本，学生只要写下公式和实验结果就行了。但是，在我们看来，要彻底解决这个问题，必须在学校的实际工作中采用复印技术，这就能迅速印发练习题，书面作业题，考试题，在教学实习工厂进行作业的细则，在学生生产队进行实验的指示，以及数学和语文的各种考查作业和分发性教学参考材料，这样，就能使学生免去许多单调的重复性活动，从而节省许多时间和精力。

为节省独立学习时间，将更加广泛地使用我国工业部门生产的小型计算器。苏联教育科学院已经成功地进行了使用微型机的实验。这些实验能够确定使用该技术的最大可能性，同时规定在学习数学时的使用限度，以免影响学生计算技巧的培养。目前在计算方面，这种技术是师生的良好助手，这一点是没有疑义的。

在检查教学效率时，从节省教师的时间来看，有几种自动化的检查手段是很有利的。现在，列宁格勒的许多学校，特别广泛地采用这些手段。做程序化类型的书面作业，有助于节省时间，因为做这种类型的作业，教师可以借助专门的译码器，迅速发现典型的错误。

近十年来，从教师工作合理化来看，普遍实行专用教室的教学制度是苏联学校的巨大成就。现在，大多数学校都设有专用教室，装备必要的技术手段和教学参考资料。这样一来，进行课堂教学时使用教具就方便得多，教师不必花过多的时间和力气把装备从这个教室搬到那个教室，也便于使用比较复杂的仪器和装置。

在拉脱维亚的某些学校中，进行了大课和讨论课相结合的长期实验。上大课时，几个班级联合起来，课堂讨论时则分小组进行。在课程表中把两个科目配合起来，有可能充分进行小组活动。大课节省教师的时间，讨论可以弥补这种教学方法的短处。结果可以大大提高教学效果。

关于外语的提示教学法（Методика суггестивного обучения），进行了长期的争论。曾经设计了进行这种教学的几种方案，主要是注意树立信心，创造毫不拘束的环境、游戏的生活情境以及经常会话的语言环境等。这些措施综合起来，可以保证加速掌握外语。在学校中采用这种方法的实验，不仅在外语教学方面进行，也在其他学科的教学方面进行。将来，当然会显示出这种方法在广大普通学校推广的实际可能性，以及它的使用限度。

所有这些探索以及其他探索证明，节省教师时间的主要源泉在于搞好教学最优化工作，从教师备课到进修和发展教师的研究能力，都要注意最优化。

第十章 有科学根据地分析课堂教学是教学教育过程最优化的重要因素

每天都有数以千计的校长和分管教学教育工作的副校长，以及国民教育局的视导员在听教师的课。参加这一活动的还有教研室主任。教师相互听课也很普遍。许多教师也对自己的课作自我分析。

这就提出了一个问题：应当按照哪些准则来评价一节现代的课？如何更好地分析它的效率和质量？

评价课堂教学的基本准则，我们认为，首先是上课时能贯彻各个教学原则和苏联教育部批准的评价学校工作的各项准则。

根据这些要求，我们就可以分析课堂教学过程的安排情况，判明教学任务是否适当，教师所选择的课堂教学内容、教学形式和方法是否合理。但归根结底，确定教学效率不仅要看教师力图教给学生什么，而且要看学生在课堂教学过程中学到了什么。因此，在评价一堂课时，应当查明课堂教学的各种基本任务——包括教养、教育和发展任务的完成情况。为此，许多校长都拟定了在课堂上观察师生活动的一定提纲。

这种提纲，当然取决于校长已形成的工作方式、课的类型、学科性质等。

在观察对学生提问时，应当注意这样一些因素：用什么形式提问(个别的还是全班的，口头的、书面的，还是实验的)；评价所选提问形式是否合理；从课堂教学的各个阶段来看，提问的位置是否摆得正确；从该课教学过程来看，提问所用时间是否适当；是否准确提出提问的基本目的(准备转入新的课题，检查知识，检查技能等)，是否全面实现目的；教师是否力求保证提问具有教学的性质，是否保证全体学生积极参加活动，是否善于纠正错误和不精确之处，是否引导学生注意这些问题；是否客观地评分和令人信服地说明评分的根据；是否注意要点的掌握，答案提纲的逻辑性，知识的巩固性和把知识运用于实践的技能等等。

在观察课堂上如何学习新教材时必须注意下列问题：是否向学生提出学习该课题的基本任务，提得是否具体和明确；是否善于诱导学生的学习活动动机；是否激发学习新课题的兴趣，是否保证教材的讲述达到应有的科学性、系统性和可接受性，保证教材同生活、同周围生产环境的联系；教师讲解教材的逻辑性如何，是否明确突出主要的、本质的东西，是否把学生的注意力集中到这些东西上；学习新教材的速度是否适当；是否把口述的、直观的和实践的教学方法很好地配合起来；是否善于利用复现教学法和问题探索教学法；是否充分利用机会，组织学生在课堂上独立学习；是否运用各种方法以保持学生的注意力，促进他们的思维积极化，提高学习能力；是否在讲解过程中检查学生对新教材的理解程度。

在观察做练习以掌握、加深和巩固所学教材时，必须注意下列问题：所选练习是否有助于掌握该课题主要的、本质的内容；这些练习是否合用；所选练习的顺序是否合乎逻辑；这些练习是否有助于同时完成教育和发展任务；教师是否设法使学生从每一练习题中获得最大可能的教养效果，设法用一、二道练习题使学生学会解答同类习题的一般方法；在做练习时是否保证学生的应有独立性；在做习题时是否有区别地帮助学生；是否给优生布置一些补充题；如何分析做过的练习；是否查明典型的错误和存在的困难；是否提出进一步克服困难的方法；是否保证学生能对所做练习的质量作自我检查；是否作出做练习的总结。

在观察布置家庭作业这个阶段时，应当注意下列问题：家庭作业的分量和深度是否适当，学生能否在规定给该科的家庭作业时间里做完作业；教师是否定出提高学生对家庭作业兴趣的方法（作业新颖，做实验，进行观察，自己找例子，培养一般的学习技能技巧等）；教师是否建议学生浏览家庭作业的练习内容，是否预先指出可能产生的困难，是否指出克服困难的方法，是否明确提出做好家庭作业的要求；是否给优生布置不同的作业，是否定出帮助差生的形式。

上面我们就如何观察课堂教学的进程和评价它的合理性提出了许多建议。我们提出这些建议，并非要人们注意教师做还是没做什么，而是建议人们去判明所选择的提问、讲解、练习等方案是否适当。在实施教学最优化情况下，检查的特点就在于此。

还应强调指出，并不是必须根据上述所有建议来分析每节课。要知道，每节课的任务均不相同，提问、学习新教材、练习等在该课的作用和地位也各不相同。因此，切不可刻板地照搬整套要求。在这种情况下，应当考虑教师的说明，仔细分析他据以选择课堂教学结构的理由。

实施教学过程最优化，对课堂教学的评价，不应从检查是否执行授课计划的各个细节开始(因为计划往往要根据课堂教学的实际进程作些修正)，而应从教师论证所选授课计划的优化程度开始。

所以，有经验的领导人总是向教师提出这样的问题：你对这一课提出哪些任务，你认为哪些任务特别重要，这时如何考虑班级的特点，如何考虑该课在所教专题的几堂课中的地位，为什么选择这些教学方法、形式和手段，如何考虑差生和优生的特点，怎样防止学生家庭作业负担过重，你自己怎样评价课堂教学基本任务的完成情况。

要回答这些问题，教师就要对所上的课作自我分析，对所达到的教养、教育和发展效果作自我评价。在这之后，检查人员才作概括性的评价，评价所组织的课堂教学是否符合教学最优的各个原则。对课的总结性分析不可能有一种刻板的提纲。因此，我们所引用的只是莫斯科许多学校所采用的方法之一。

该提纲的特点在于符合教学法的主要原则，它从整体上评价授课、激励学习和进行检查的任务、内容、形式和方法。

下面，我们对课堂教学作总结性分析的每个阶段作较详细的研究(见下页表)。

在评价所拟定的课堂教学任务的优化程度时，我们应当：第一，评价这些任务的全面性和综合性；第二，这些任务是否考虑该班学生的特点；第三，对差生和优生，在教学任务上是否有所区别；第四，评价是否正确定出主要的任务，以及同该专题其他各课任务的联系；第五，评价该堂课完成这些任务的现实性。

顺序	总结分析的问题	对教师活动是否优化的评价
1	规划和向学生提出课堂教学的任务做得怎么样？	优化、不优化、必须改进某些任务的规划
2	应如何评价教师所选择的课的基本成分结构，以及分配给每个成分的时间？	
3	应如何评价所选的课堂教学内容？	
4	所选的教授方法、激励方法和检查方法是否配合适当(从该专题特点、班级知识水平和教师的可能性来看)： ——提问方面； ——学习新教材方面； ——巩固方面； ——总结所学教材方面	
5	课堂上全班教学、小组教学、个别教学这三种教学过程的组织形式是否配合得好？是否保证对差生和优生的区别对待？	
6	课堂上直观教具、教学教育手段、仪器等的运用是否合理？	
7	应如何评价课堂上教师与学生的交往方式，是否掌握好教育的适度？	
8	课堂上是否执行必要的卫生条件？是否采取措施以保持学生的学习精力？	
9	课堂上完成教养、教育和发展任务的有效程度如何？	
10	确定家庭作业的分量和深度是否恰当？是否善于进行指导？	

在评价教师所选课堂教学结构的合理性时，应当注意提问、讲解、练习、复习和巩固的顺序是否依据教材的内容特点和学生的学习程度。在这方面，同旧教材很少联系的章节，最好一开始就直接学习新课题。在讲授特别重要和复杂的课题时也应这样做，以便学生在头脑清醒时感知这些教材，并且有足够时间来练习和巩固。除了评价所选课堂教学各个成分的顺序是否合理外，还可以评价分配给各个成分的时间是否适当。往往有这样的现象：教师没有考虑前一个课题的分量和深度，安排提问的时间都是 20 分钟，这常常导致不能很好地学习新教材。经验表明，提问的时间占 10 到 12 分钟，这足以获得信息来客观地评定学生的知识，而在某些课上，甚至可以完全不提问。教师在讲授新教材的谈话过程中，在检查作业完成情况时，在复习和概括所学教材时，可以获得了解学生学习程度的足够信息。如果讲授新课题可以少用时间，那么，课堂上检查的比重就可以大些。简而言之，应坚持不懈地设法加强上课的教学作用，克服过分崇拜考查的现象，尽管考查有一定优点，但远非都是合理的。近年来，许多学校加强了专题考查(考查掌握知识的情况)的作用，这样做就有可能增加学习新教材的时间。对学生知识技能的考查，应当尽力克服某些学校所出现的形式主义，那里严格规定每堂课要提问多少人，要采用哪些形式等等。最优化的思想反对刻板的、形式主义的要求。这种思想在评价教师和学生的劳动方面可能起积极的作用，而这正是苏共第二十六次代表大会决议要求我们承担的义务。

分析课堂教学的重点是教学内容，即分析教学内容是否符合国家教学大纲的要求。这里重要的是，一方面要判明课堂教学是否全面反映教学大纲的有关规定，另一方面又不容许超过大纲的要求，人为地使学生负担过重。其次，必须评价课堂教学内容是否符合课的各种基本任务。应当检查，是否抓住教学内容中最重要的、基本的思想，是否把学生的注意力集中于主要的概念、理论和事实。特别要评价课堂教学内容的实质和阐述内容的逻辑。应当特别强调评价内容的教育方向性：教师是否明确指出课的基本世界观思想和教育思想，如何使学生相信这些思想的重要性、正确性和客观性等。评价课堂教学内容的思想性是根据下列观点：是否符合马克思列宁主义的基本原理，是否符合苏共代表大会和苏共中央全会的决议，是否反对资产阶级意识形态和资本主义的生活方式。课堂教学内容还应当从它对学生的道德影响来分析：是否有助于爱国主义教育、国际主义教育和伦理教育，是否有助于培养集体主义、同志情谊、人道主义、正直、诚实、义务感、责任心，以及对旧社会的残余思想、市侩习气、消极怠工和游手好闲等现象的毫不妥协精神。现在，号召学校改进培养学生从事实际活动的工作，对教学内容的评价还应当看它的综合技术性如何，是否同生活联系，是否反映生产环境的特点，是否有助于对学生进行劳动教育和职业指导。

也不能忘记课堂教学内容的审美影响：即能在多大程度上揭示劳动美、生活美、自然美和艺术创作美。在改进教养内容条件下，近年来，日益广泛而深刻地分析课堂教学对促进学生发展的可能性。在这方面，可以评价课堂教学对发展学生的认知兴趣，培养学生的情感和情绪，培养他们的合理思维方式、意志和学习毅力可能产生的作用。应当强调指出，这一整套要求是对一系列课堂教学内容提出的，而不是针对个别的课堂教学内容，因为，有些专题颇为特殊，只能完成上列任务中的某些任务。因此，在检查时，应当注意评价该课题的可能性，而不应当提出过多的问题，否则就会导致肤浅的分析，并带来不良后果。在分析内容时切勿忘记，有些问题可留待以后的课加以解决，这些问题在以后的课堂教学中，可以更合乎逻辑和更自然地列入阐述教材的总逻辑体系，也就是说，在评价具体课的内容时不要过分冗杂，而应善于抓住最重要、最本质的部分。

在评价所选教学方法和手段的优化程度时，要注意，在实践中常常遇到一种习惯的说法："课就是用这种方法教的。"人们这样说的时候，是指课堂上讲授新教材内容时所采用的主要方法。其实应当说：在课堂教学的某个阶段上以哪些方法为主。因此应当评价，课堂教学的某个阶段要实现哪个基本任务，采用哪些方法可顺利地完成这个任务，教师是否正好选择这些方法，这时他是怎样考虑该班学生的可能性以及自己的教学法技能的，他在多大程度上可成功地配合运用所选择的各种方法，如何根据学生掌握教材的进程来改变教学方法。他除了运用组织学习认知活动的各种方法之外，是否还运用激发学习兴趣和启发学习责任感以形成学习动机的方法，是否全面利用已有条件促进学生独立学习、用问题探索法掌握知识，还是相反，不考虑学生的实际可能性。还要检查教师在课堂上是否善于使用教科书：讲授教材的逻辑究竟是符合教科书的逻辑呢，还是没有充分根据地背离了教科书的逻辑；教师在讲解过程中是否引导学生通过思考抓住教科书内容的主要成分；他是否要求学生在学习教科书课文和研究图表有困难时向他提出问题；是否钻研教科书的具体问题。

课堂上运用教具、教学技术手段、分发性教学材料、直观教具、仪器以及专用教室所具有的其他教学手段的情况也需作专门的检查。应当从检查是否运用教具转到分析选择教具是否适当，使用教具所用时间是否合理等等。要注意选择教学方法和手段，也要注意分析教师所选择的教学组织形式是否合理，即是否把全班教学、小组教学和个别教学这三种教学组织形式合理地结合起来。在这方面，**特别重要的是查明是否充分利用机会，对差生和优生进行有区别的教学，**在独立作业时间里安排练习时要区别对待，在解释家庭作业时也要区别对待。

还必须注意研究课堂上的道德心理气氛，了解教师是否执行教育伦理规范，正确处理与学生的交往。这里，不管是谈话时对学生的态度也好，学生回答有错误时对他提出批评也好，说明打分的理由也好，都要遵守教育伦理规范。在课堂教学时，还要注意教师怎样激励学生取得学习成就，怎样广泛运用鼓励的方法(表扬，在日志中写上赞扬的评语，学生在哪个方面表现出特别机敏，就建议他独立地加深那个方面的知识等)。遗憾的是，有些教师认为表扬和鼓励不是课堂教学的必要成分，有时甚至还倾向于责备和批评，从而降低了学生积极学习的可能性。因此，有必要重温一下Б.日特科夫的看法，他说：“应当使学习进行得愉快，有张有弛，富有成效!”

不可忽略课堂教学的卫生条件：如教室的照明，气温，教室的通风等等。

在实施教学最优化情况下，检查课堂教学质量时，要求评价家庭作业的分量和深度的适度。应当指出，这个要求表面看来似乎简单，而实际做起来却有很大困难，因为，无论是教学大纲、教科书，还是教学参考书，直到现在，还没有按专题提出关于家庭作业的适当分量和深度的建议。因此，明确规定家庭作业的分量和深度颇为重要，要以学生的中等程度作为依据，并且给优生布置一些有区别的作业(补充题，一题双解等)，也考虑采取一定措施帮助差生(作补充指示，发给以一般形式提出解题办法的辅导卡片，告诉他们要解这道题需要阅读什么材料，指出类似的习题)。

分析课堂教学效率，不仅必须判明教师教学活动的优化程度，而且必须判明效果。这种效果表现在学生掌握知识、技能和技巧上，以及他们在教育方面和发展方面的进步上。这就需要在教学过程中全面地提出检查的标准和方式，借以检查学生掌握教材的情况。

苏共第二十六次代表大会指出，提高教学和教育质量是现阶段普通学校的中心任务。

教学结果的质量，取决于这些结果在多大程度上符合各种教学大纲所规定的教养、教育和发展的目的。

从分析标准教学大纲对评定学生知识的要求，以及教师在实际工作中实施这些要求的经验来看，按照知识的全面性、理解性、实效性和巩固性这样一些标准来进行评定，可以得到关于知识质量的完全正确的信息。

知识、技能和技巧的全面性，这是指学生全面掌握了教学大纲所规定的该科、该专题、该章节的基本概念、规律、理论、事实、技能和技巧。在新的标准教学大纲中，比以前更加明确地提出学生在学习每个章节时应当掌握的基本成分，规定了学生在学习该课程某个较大的专题之后应当学会哪些知识和掌握哪些技能。这样，就大大地有助于教师运用全面性这个最重要的质量鉴定标准。

知识的理解性，这是指学生理解所学知识各个成分之间的逻辑联系和因果联系，善于从次要的成分中区分出最主要的、本质的东西，善于按有关的专题把所获学习信息加以比较、归类、分类、系统化和概括。如果学生有理解地掌握了教材，那么，他们就能用自己的话叙述教材，能够用自己的例子而不仅是书上的例子，来论证和证明所学事实和现象在生活和实践中的应用，说明新教材同以往所学教材的内在联系。新的标准教学大纲比旧的教学大纲更详细地列出各科评定知识的标准，其中还以某种形式强调指出必须查明学生对所学知识的理解程度。

知识的实效性，这是指学生在具体实践情境中，在做练习、实验作业和劳动作业，以及在解答习题时，运用知识的准备程度。知识的实效性表现在知识同技能相结合，把知识运用于实践，不仅在某些典型的情况下，而且在需要运用所获知识的新情况下也能运用。

知识的巩固性，这是指学生不仅在学习知识之时或刚学完之后，而且在隔了一段时间以后，也能再现和利用所获知识。牢固的知识，一般地说，是已理解的、有实效的知识，因为，理解和实际运用教材，可避免机械地死记，从而确保牢固地掌握教材。这当然不排斥简单地记住某些资料性材料，以及某些不符合规则的词的写法等。

知识质量，这不是绝对的概念，而是相对的概念。它要看掌握有关知识的过程是处于哪个阶段。在学习专题之后，做家庭作业之前，立即评价知识质量是一回事，在经过一段时期的实际运用之后，知识已巩固，并在实践中已获运用再来评价知识质量则是另一回事。因此，只有在学生进行了各种必要的学习活动，保证巩固地、全面地、有理解地和实效地掌握知识的那个阶段上，才可全面地运用评价知识、技能和技巧质量的各条标准。在这之前的各个阶段作检查时，必须考虑到掌握知识的过程尚未完成，运用每条标准时都不应作全面的要求，而应考虑该阶段活动实际可能达到的要求。当学生还需要较多帮助、支持和训练，而不是深入检查时，对学生的知识和技能提出不符合当时情况的要求，过早提出全面的要求，这都是评价学生活动的一种形式主义表现。

通过观察学生做新课题的练习的情况，以及在巩固教材时回答教师问题的情况，我们就可以得到关于学生对知识、技能和技巧的掌握程度的基本信息。为此，许多学校还开展一种专门的考查性听课，这是紧接着检查课进行的。校长或副校长在课上组织对班级学生的快速提问，或者布置短时间的考查性作业，以便检查课堂教学和家庭作业的全面效果。对教学效果所作的这种专门检查，不仅包括评定知识，而且包括评定专业技能和一般学习技巧。近年来，采取考查性的实验室作业日趋普遍。其好处是很明显的，特别是需要大力改进培养学生参加物质生产领域劳动时尤为如此。这种考查性的实验室作业是个别进行的。通常是一半学生进行实验室作业，同时，另一半学生做书面作业。做考查性的实验室作业，在分量上要比平时的实验作业简化一些。这是考查使用基本测量仪器和其他仪器的技能。例如物理课程，考查性的实验室作业可能做这样的作业：用气压计测量气压，用温度计测量温度，用量杯量物体容积，用卡尺量物体的大小，用安培计测量电流强度，用伏特计测量电压等等。这种考查性实验室作业还包括证明仪器的作业：说明电源(电压、类型等)。也可在一般的课上对学生实验素养作这种考查，这时提问就包括使用上述仪器。

查阅学生的练习簿，能提供关于教学效果的宝贵信息，因为，在这些练习簿里有家庭作业和课堂练习。从练习簿里可看出学生知识上的缺陷。在某些场合下，还可以同学生进行个别谈话，以便深入了解他们的知识和技能水平，查明学业上存在缺陷的原因，更主要的是定出消除这些缺陷的合理办法。

在现代条件下，总结性考查应当越来越具有诊断的性质，就是说，应当这样来安排，通过考查不仅能了解什么懂了或者什么不懂，而且尽可能了解产生缺陷的原因，了解这些缺陷是由于教学方法的缺点造成的呢，还是学生因病或其他原因致使以前所学专题在知识上存在缺陷所致。启发性考查题要能揭示现有困难的根源，要提高到推论的水平上，通过推论，学生就会发现哪些教材已充分理解，就可定出今后的具体措施，以消除已发现的缺陷。由此可见，有必要在总结课中增加概括性考查的比重，这就要略为缩短提问以前功课的时间。

在评价课堂教学的发展作用方面，起决定作用的是对学生的活动进行观察。如果发现学生有愿望去克服作业上所发生的困难，如果看到学生遇到几次失败，并没有向邻座同学或向教师求援，而是努力寻找解决办法，这就提供了有关学生意志发展方面的信息。观察学生对教师所创造的情绪体验情境如何反应，对鲜明的范例、比喻和艺术插图如何反应，可以得到关于某些学生是富有同情心或缺乏同情心的宝贵材料。这样，以后就可以对这些学生进行有针对性的教育。关于提高学习精力方面，也应同样指出，通过课堂观察，可以发现哪些学生在上课过程中已放松了注意力，也可以看到因疲劳而呈现萎靡不振和精神涣散的现象。对于这样的学生，应当及时地劝他们加强锻炼，帮助他们合理安排课间的休息，克服作息制度方面的缺点。

在谈到如何分析教学在培养学生学习劳动的技能技巧方面的效果时，可以强调指出，必须把检查一般学习技能的练习列入考查性的书面作业中，在与学生进行个别交谈时也要注意这种检查。例如，为了检查拟定回答提纲的技能，可以发给学生一篇新课文，要他们按照全部必要的要求来拟定提纲。为了检查找要点的技能，可以建议学生就一篇短文写个纲要或拟个提纲，然后分析该提纲是否全面反映文章的基本内容，而不掺杂次要因素在内等等。

必须很好地分析教学的教育效果。

观察学生课堂学习活动的情况，是获得教学的教育效果信息的最重要来源。我们指的是他们的注意力水平，学习纪律，是否认真完成教师的要求，在做小组作业时如何与同学交换意见，以及他们的作业簿，实验报告等情况。观察学生在劳动教学过程中在学生生产队进行实习作业的情况，以及在教学生产联合体进行作业的情况，可以了解到生动的材料。这里，可以清楚地看到同志般的互相帮助，积极参加竞赛，体现集体主义，力求又快又好地完成劳动任务等事实，这种了解工作很有意义。

在评价课堂教学的教育效率时，必须十分注意学生对教师的教育所持的态度。从学生对教师讲述的事实、例子、推论等产生的反应，也可以大致看出这些东西在学生身上引起何种反应：好的、不好不坏的还是坏的。课堂教育效率的标志是学生掌握思想道德概念，如爱国主义、国际主义，对资产阶级意识形态的不调和态度等。

分析学生讨论问题时的发言，对评价课堂教育效果有很大作用。例如，教师可以让学生就文艺作品中某一个主人公所表现的集体主义精神、诚实、勇敢、原则性，或利己主义、欺骗、懦弱、无原则性等行为发表自己的看法。如果教师能创造机会，让学生在课堂讨论过程中证明自己的观点，使他们表现出鉴别力、兴趣，或提出怀疑和不明确的问题，那么，分析学生的讨论，就可以看出他们在品德修养方面的优缺点，可以拟定措施，以便在课堂教学和课外活动过程中，在学校和家庭共同进行的个别教育过程中，进一步加强对他们的教育。学生在文学方面的书面作业，自由命题作文，可以为分析他们的修养、理想和生活计划提供丰富的材料。诚然，非常重要的是洞察学生发表这种或那种言论的动机。此时此刻是什么东西在推动他们——害怕降低分数，过于爱虚荣，希望表现出与同学的交谈比平时更有见解。或是其他的，属于积极的动机。在一堂课中对全部情况都了如指掌，当然不可能。因此，分析课堂教学的教育效率，不仅应当在课堂教学中，而且应当在与学生课外交往中系统地进行，坦率地同他们交谈，了解使他们感到兴奋的问题、疑难和体验。

同其他教师、少先队辅导员、长日班教导员、班级的团队组织及学生委员会的积极分子、学生家长等谈话，有助于了解对学生的教育效果。在教育会诊会上讨论班级鉴定也大有裨益。通过这些活动，可以更全面深入地了解学生的教育水平，了解他们社会活动和劳动活动的积极性，学习纪律的自觉性，与同学交往的特点，在家中的行为举止等情况。

在现代条件下，特别重要的是分析课堂教学时间里学生和教师所用时间和精力是否合理。这是校内检查的一种新的做法。采取这种做法的目的在于把教学教育过程最优化的原则更有效地贯彻于学校的实际工作中。

在分析一系列的课以后，最好能向教师介绍进一步加强自修的办法。例如：如果发现教师在培养学生学习劳动技巧方面有困难，那么，最好能建议他研究如何抓重点的技巧，在学习中进行自我检查的技巧等等，把学习有关的材料列入自修计划。这样，对课堂教学过程的检查，就会更有实效。

总之，我们论述了检查现代课堂教学效率的大纲，这个大纲初看起来十分广泛。但是，应当再次强调指出，在具体分析每一节课时，不必全部采用这些建议。应采用哪些建议，要根据听课目的和课的内容特点而定。所以，对于课堂教学，按照本章所论述的各个要点和细节进行机械的、形式主义的检查并不可取，对课堂教学的分析，必须考虑该课在教养和教育方面的实际可能性，采取通情达理的、具体的办法。

如果说过去在检查时往往强调：“课堂上做了什么，没做什么”——是否运用问题教学，是否加强直观教学，是否利用教学技术手段，是否对许多学生提问，是否进行独立作业等等；那么，现在的重点是放在证明该课是否有必要采取某些方法和手段，所选择的课堂教学方案是否有成效。

分析现代的课堂教学，必须采取新的方法，这种方法不会提出生硬刻板的要求，而不考虑具体条件和可能，不考虑同其他课的联系。对课堂教学的分析要做到恰如其分，应当同教师进行创造性的交谈，耐心地听取他的说明，了解他根据什么理由来选择他认为是最优的教学方案。在我国的先进学校中，分析是在十分友善的情况下进行的，即希望帮助教师改进教学技巧，而不是单纯评价他的教学工作，揭露他的弱点和缺点。这样的道德心理气氛，使得教师们乐于倾听关于改进工作的意见，并且同学校领导人商讨他们在工作中所发生的困难，以及今后克服这些困难的办法。在全体教师都有强烈的愿望要创造性地劳动，都愿为培养未来的一代贡献出全部精力的条件下，这种积极的检查目的必将促进解决整个教学教育过程的最优化问题。

结 论

在我国，由于具有非常有利的社会条件，所以创立了真正辩证的教育学。这种教育学，研究教师的活动，注意它的复杂性，具体的制约性和矛盾性，重视保持其优良传统，并使它不断完善和提高。学者们和教师们对教学教育过程最优化问题的集体研究，正是朝着这个方向前进的。

许多有经验的、能够创造性地工作的教师，都掌握了最优组织教学过程的技能。至于刚刚参加工作的教师，远非所有的人都能正确拟定教学、教育和发展的任务，以及正确拟定培养世界观和一般学习技能技巧的任务。不是所有教师都掌握突出教材内容重点和本质的技能，其中有不少人不能说明选择教学方法、手段和形式的理由。由于存在这种现象，所以在高等师范院校和教师进修学院中，必须采取新的办法对师资进行教学法培训，培训工作以教学过程最优化的思想作指导。诚然，某些教师和国民教育机关的工作人员会有些看法。他们抱怨选择教学方法、手段和形式的最优结合方案，要比以前执行单一的教学法指示(如“处处都可以运用程序教学”，“课课都可以采用问题教学”等）复杂得多。毫无疑义，要理解如何选择最合理的教学方案，需要在教学法上多下苦功。但是，这是教师教学艺术发展中的一个必不可少的、合乎逻辑的步骤。教育学家、教学法专家和教师进修学院的工作人员的任务，就在于帮助他们尽快地掌握这种重要的教育技能。在供高等师范院校用的新的教育学教学大纲中，有关教学教育过程最优化问题，已列为专门的一章加以阐述。供师范学院用的新的教育学教学参考书，现在也阐述这个问题。

要把最优化原则贯彻到学校的实际工作中，就必须完善各科教学法的教学参考书。

首先，有关科目的各门教学法课程，总论部分最好都阐述最优化原则的本质、标准和在实践中实现最优化原则的基本方法体系。在论述有关教学内容、方法、手段和组织形式的章节中，最好能阐明在某些典型情况下选择其最优方案的程序。在教学法参考书的总论中，必须特别注意研究学生的可能性及其掌握有关学科的能力的方法。例如，研究学生的数学、文学和其他学科的能力，以及他们对该科的掌握程度(选择最合理的教学方案必须考虑学生的程度)的方法。还应特别注意研究学习该科时最能顺利形成的一般学习技能技巧的方法。

在教学法的实习作业中，最好能组织实际的教育练习，练习选择假定班级的最优授课计划。这个班级的特点应在作业之前予以说明。在授课过程中，应当使大学生学会论证选择该课的教学任务、内容、方法、手段和组织形式。

关于具体学科个别专题的教学方法问题，在实施教学最优化情况下，教学方法的论述必须作重大的改变。不可再局限于论述一种教学参考书的作者认为是最成功的方法。不应当局限于简单地描述专题的阐述顺序，说明所用直观教具，所做实验，所举例子，或局限于指出某些示范性练习等。只要可能，就应当指出该专题的二三种教学办法，然后说明在什么情况下，哪种办法最有成效。一般地说，阐述某个专题的教学方法的逻辑，应当符合于论证选择该专题的基本教学任务、内容、方法、手段和组织形式的逻辑。

我们认为，论述具体专题的教学方法，一开始就要说明该专题最重要的教学任务，而且必须是教养、教育和发展的综合性任务。这样来说明任务，非常有助于教师拟定授课计划的工作，他们就不必在授课计划中写上任务的条文，而把注意力集中在表述该班的特殊任务上，也就是把课堂教学任务具体化。

在按专题讲述教材内容时，非常重要的不是叙述内容，而应指出内容的哪些成分可最有成效地用来完成哪些任务。教师们在下列问题上特别需要建议：学生在课堂上的活动，必须列入什么内容，才能有成效地完成所提出的使学生得到教育和发展，以及形成一般学习技能技巧的任务。

在说明某个专题课堂教学内容的建议时，应当比平时更明确、更清晰和更具体地提出学生在课堂教学的每一阶段上必须集中注意的最基本的、最主要的和本质的内容。应当提醒教师突出要点和组织学生活动以掌握这些要点的方式，使得不仅掌握这个专题的主要思想，而且逐步掌握抓要点的一般学习步骤。实现这一要求十分重要，它不仅可以提高课堂教学时掌握专题的质量，而且可以保证所获知识比较巩固，由于不必掌握专题中次要的、非本质的成分，还可以防止学生负担过重。

在说明专题内容建议的同时，还应指出教授这个专题时可能采用的方法和手段。这里正如上面所指出的那样，重要的不是说出方法的名称，而是论证采用这些方法的合理性。所以，最好不是仅谈所选方法，还应涉及教授新专题的某个基本阶段上如何把这些方法结合起来，并突出某种主要的方法，这样，就可以保证构成专题的教学方法体系。最好能说明：随着课堂教学这个阶段内容的改变，应当如何改变方法的选择。

在建议使用某些教学手段时，也应予以论证，说明使用作者所选手段的好处，并向教师介绍使用该教学手段的省时方式，还应提醒注意使用的合理范围，以免夸大它们在课堂教学中的作用。

阐明教材内容之后，就全班教学、小组教学、个别教学这三种教学组织形式的合理结合问题提出建议也是很重要的。极其重要地指出，在课堂教学的哪些阶段上，可以对差生和优生进行有区别的教学，在做作业时可以给差生哪些帮助。

在每个专题结束时，必须提出可接受的家庭作业分量和深度，这些都应经过仔细考虑，以免学生负担过重。应当以各种可能的形式帮助差生完成家庭作业：发给辅导卡片或参考材料的卡片(附有家庭作业图解，有助于迅速理解题意)。对优生则应建议他们做有创造性的作业，培养他们研究该科的能力。

以这种方式提出的关于学科基本专题的教学法建议，将加强教师选择最优方案的逻辑意识，使他们学会教育思维，解决值得探讨的教学法问题。如果说，我们对发展学生思维的必要性谈得很多，那么，应当说，发展教师本身的教育思维更为重要。只有这样，他们才能更好地教学生选择解决学习问题、劳动问题以及其他生活问题的最优方案。

不言而喻，并非每个专题都能那样细致地利用上述办法。专题内容本身将表明，所选的最优方案中，哪个成分可以细致些，哪个成分可以简化些。例如，某个专题可以细致地论证教学方法的选择，另一个专题只需引述前面的论证就行了，或者干脆不论证也行，因为，这里方法的选择显然是合理的。采用这种办法来论述个别专题的教学方法，就可避免教学参考书在介绍教学方法方面占用过多篇幅。还有一种办法可节省教学参考书的篇幅，就是不重复教科书的内容，而现行的教学参考书还相当广泛地这样做。其实只需恰当地提一提教科书的课文，并建议教师应同时并用教学参考书和教科书。顺便说说，这样做将提高教科书在师生心目中的权威，使教学法参考书的逻辑接近于教科书的逻辑，从而减少由于两者逻辑不符而造成学生负担过重的现象。

各科教学法课程必须广泛介绍已有的组织教学过程的各种方法，在介绍时不要说成是万能的方法，而要阐明条件，只有在那种条件下它们才是有益的。例如，近年来，在书刊中介绍了以下各种方案：在家里预习教材，然后在课堂上讨论教材（M. B. 涅奇金娜、Д. A. 厄普什坦）；以大课形式讲解教材，然后进行班级讨论，并做发展性的作业（H. П. 古济克）；在全班做物理的研究性实验过程中学习教材（B. И. 斯维里多夫、Б. B. 波卢博亚罗夫等）；同时学习相反的演算、概念（П. M. 厄尔德尼耶夫）；在课堂解决一系列要学习的习题过程中形成概念（З. П. 莫托娃）；借助示范纲要图表讲解教材（C. H. 雷莘科娃等）；富有感情地、艺术地阐述专题（E. H. 伊里因）；用研究问题的方式教授专题（M. И. 马赫姆托夫、A. M. 马丘什金等)，以及其他提高教学效率的方法。重要的是，不要把每一种方法都绝对化，而应当指出，哪个年级，学习哪些专题，学习哪些科目，采用这些方案可促进课堂教学过程积极化，并指出使用这些方案的合理限度。

还必须指出，生硬地、平淡地使用教学过程最优化的各种方法，不可能实现最优化的教学方案。除了执行这些独特的选择程序，采用最优的决定之外，教学过程还必须具有个人的鲜明色彩，在教学中充分发挥教师个人的作用，表现出他的能力、专长，甚至天才，这才会感化学生，引起他们深刻的情绪体验，使他们精力充沛，兴趣倍增，并且信赖教师，信赖他的知识、信念、高度修养和教育机智，相信他的公正、客观以及其他个性品质。学生高度赞赏这些品质，因而虽采用同样的教学方法、手段和方式，但教学效果却比形式主义地执行最优化程序高得多。教师这种个性品质的“光和热”，应当作为整个教学过程不可缺少的催化剂，只有这样，才能实现教学过程的最优化。

最后，还必须谈谈最优组织教学的另一个方面。在掌握“最优化的初步经验”、“最优化的入门知识”之后，教师应当力求研究自己的“随意程序”，这种程序应能显现出他在以下方面的技能技巧：合理组织教学过程，创造该情况下更有成效的新方案，以及形成自己的教学特色等。经验必将证实这样的思想：在“最优化经验”的基础上，将更迅速地形成教师工作的这种独创性。因此，不应当反对教师的独创性，而应当在日常的实践中，巧妙地、经常地把它们结合起来。

在苏联教育部委员会的决议中(1981 年 3 月)，推荐了

《教学教育过程最优化》这本参考书，要在学校实际工作中加以运用。这在客观上有助于进一步提高教师对最优组织教学教育问题的兴趣。因此，我们要一而再、再而三地提醒大家注意，在运用教学最优化思想方面，仓促从事、形式主义和行政命令都是不能容许的。在每一个具体场合下，都必须规定完全可行的、实际的步骤来掌握最优化的工作方法。在这方面，最好能借鉴某些市和州许多学校的先进工作经验。其中，可以利用莫斯科许多学校在实施教学教育过程最优化方面的经验，这种经验，在《从先进教师到先进集体》(莫斯科教育学出版社，1980 年)一书中作了论述；也可以利用伏尔加格勒州许多学校的经验，论述在《每堂课都作精心的准备，采用现代的方法，具有较高的质量》一书之中，等等。

在结束探讨如何运用教学教育过程最优化原则之际，我们想强调指出，这个原则只是苏联教育学的许多原则之一，它不是惟一的原则，更不是万能的原则。为了实现教学过程最优化，应当很好地了解学科内容，掌握丰富多彩的教学方法、手段和组织形式。最优化是建立在全部教育知识和技能的牢固基础之上。只有拥有丰富的“建筑材料”，才能设计和建成“最优化”的壮丽大厦。

与最优化并行，应当搞好教学过程合理化，不断完善教学过程的每一成分。现代化植根于教育劳动的本质之中，这种劳动在其高级阶段决不会是单调无味、生硬刻板、千篇一律的。有创造性的教师深深感到对教学教育中的这种新气象的无限向往。每逢新学年，他们都力求改变同一专题的课堂教学结构。为此，他们渴望探索更加良好的、更有成效的、最优的教学方案，从而使教学内容、方法、手段和形式不断现代化。例如，更加广泛地采用独立学习法、探索教学法。更新教学手段(白昼电影，磁带录音，幻灯，教学参考材料等等)。大课和讨论的结合形式也日益增多。

但是，单靠现代化也不可能得到所期望的效果，因为，它可能搞得很片面，变成不合适的教学模式。所以，它必须同合理体现一切新事物的最优化相结合，才能在教学的总体系中得到应有的地位。把现代化和最优化结合起来，就能产生巨大的潜力，使教学符合现代社会的要求，因为在现代社会里，科学、创造、发明和探索最优决策，都是科技进步和社会进步的物质力量。

附　表

教学效率与教学教育过程的任务和内容的复杂程度的关系　　表 1

教学效率	教学任务和内容的复杂程度		
可能达到的最高水平		适当(最优)	
低于可能达到的水平	偏低		偏高

教学效率与选择教学速度的关系　　表 2

教学效率	教学速度		
可能达到的最高水平		适当(最优)	
低于可能达到的水平	偏慢		偏快

教学最优化的方法体系 **表 3**

教学过程的成分和条件	教授最优化的方法	学习最优化的方法
Ⅰ 教学任务	综合规划教养、教育和发展的最重要任务； 在研究学生实际学习可能性及教学条件的基础上，具体确定教学任务。	接受任务并力求在自己的活动中积极地完成这些任务；考虑自己的可能性，规划补充的任务。
Ⅱ 教学内容	突出教学内容中主要的、本质的东西，设法保证学生掌握这些内容。选择讲授课题的最优逻辑顺序。	集中注意主要的东西，力求掌握最本质的东西。
Ⅲ 课堂教学结构	选择最优的课堂教学结构。	在课堂教学的所有阶段上都开展积极的活动。
Ⅳ 教学的方法和手段	选择最合理的教授、激励、检查的方法和手段，在课堂运用时作必要的修正。	在学习中进行合理的自我组织、自我激励和自我检查。
Ⅴ 教学形式	选择全班的、小组的、个别的、教学形式的最合理的配合方案，以便进行区别教学。	力求发扬自己的长处，克服短处。
Ⅵ 使用时间的规划	选择最合理的教学进度，在学校和家庭都使用节省时间的专门方法。	最合理地使用学习时间，力求加快自己学习活动的速度。
Ⅶ 教学条件	创造良好的教学条件。	参加教学条件的改进。
Ⅷ 分析教学效果和时间用量	判明效果是否符合学生的实际学习可能性和规定的师生时间用量标准。	自我分析学习效果，把效果同自己的可能性作比较，评价时间用量的合理性。

表 4

班级学生鉴定　　个别教育学生的措施

项目/顺序	学生姓名	社会活动积极性和劳动积极性	道德修养	学习态度	学习认知活动技巧	学习毅力	健康状况，工作能力	家庭的教育作用	参加活动和课外小组等	改进道德教育，提高对学生的要求，创造良好的交往条件等	培养对学科的兴趣和学习兴趣	培养学习活动的基本技巧（使用书籍，找出要点，阅读速度，自我检查等）	培养学习的毅力和克服困难的能力	提高工作精力，加强锻炼	改进对家庭的工作	加强课堂上的帮助	弥补学习缺陷的个别作业	由其他学生或教师给予暂时性的补课	考虑班级学生的特点，提出其他建议
	A.彼特罗夫	—			—				共青团支部	班主任，共青团支部	语文、数学教师	语文、数学教师	语文、数学教师	家庭	班主任、家长委员会	语文、数学教师	语文、数学	语文、数学	

学生学习活动的基本技能技巧　　表 5

学习—组织技能			学习—信息技能	学习—智力技能
接受和拟定活动任务的技能	合理规划活动的技能	创造良好活动条件的技能： ——安排作息时间表 ——注意工作地点卫生 ——进行体育锻炼等	查阅图书目录的技能 使用书籍和各种工具书的技能 使用信息技术来源的技能 进行观察的技能	形成自己的活动动机 认真接收信息 合理地识记 合乎逻辑地理解教材，从中找出主要的东西 完成探讨问题的认知任务 独立地进行练习 在学习认知活动中进行自我检查

参考文献

马克思列宁主义的经典著作和苏共的教育文献

《马克思和恩格斯论教育》，莫斯科，1978 年。
《列宁论教育》，莫斯科，1970 年。
《苏联共产党纲领》，莫斯科，1980 年。
《苏共第二十五次代表大会文件汇编》，莫斯科，1976 年。
《苏共第二十六次代表大会文件汇编》，莫斯科，1981 年。

教学最优化的一般问题

巴班斯基(Бабанский Ю. К.)：《教学过程最优化(预防学生成绩不良问题)》，顿河岸罗斯托夫，1972 年。
巴班斯基：《教学过程最优化(一般教学论问题)》，莫斯科，1977 年。
巴班斯基：《怎样使教学过程最优化》，莫斯科，1978 年。
巴班斯基编：《中学教学方法的选择》，莫斯科，1981 年。
赞科夫(Занков Л. В.)：《教学论与生活》，莫斯科，1968 年。
兹维烈夫(Зверев И. Д.)：《各学科的相互联系》，莫斯科，1977 年。

科罗托夫(Коротов В. М.):《献给刚走上教学岗位的人》，莫斯科，1971 年。

库里连科(Куриленко Т. М.):《教育的任务和练习》，明斯克，1978 年。

列尔涅尔(Лернер И. Я.):《教学过程及其规律性》，莫斯科，1980 年。

里沃娃(Львова Ю. Л.):《教师的创造性实验》，莫斯科，1980 年。

奥尼舒克(Онищук В. А.):《学校课堂教学的类型、结构和方法》，基辅，1976 年。

巴班斯基和捷维娜合编:《从先进教师到先进集体》，莫斯科，1980 年。

奥希金娜(Охитина Л. Т.):《课堂教学的心理学基础》，莫斯科，1977 年。

波别多诺斯采夫(Побецоносцев Г. А.) 编:《提高教学效率的途径》，莫斯科，1973 年。

拉钦科(Раченко И. П.):《科学地组织教育劳动》，莫斯科，1972 年。

斯卡特金(Скаткин М. Н.)、克拉耶夫斯基(Краевский В. В.):《普通中等教育的内容》，莫斯科，1981 年。

斯卡特金(Скаткин М. Н.):《教学过程的改进》，莫斯科，1971 年。

斯特烈济科津(Стрезикозин В. П.):《学校中教学过程的领导》，莫斯科，1972 年。

图尔钦科(Турченко В. Н.)、博里索夫(Борисов Л. Г.):《教师劳动的社会教育问题》，莫斯科，1975 年。

沙库罗夫(Шакуров Р. Х.):《学校校长与教师集体的微观气氛》，莫斯科，1979 年。
舒宾(Шшубин Н. А.):《校内检查》，莫斯科，1977 年。
舒金娜(Щукина Г. И.):《在教学过程中促进学生认知活动积极化》，莫斯科，1979 年。
雅科夫列夫(Яковлев Н. М.):《学校中课堂教学的方法和技术》，莫斯科，1970 年。

教学过程中学生的教育

《学生道德教育入门》，莫斯科，1976 年。
巴班斯基、波别多诺斯采夫:《采用综合性方法教育学生》，莫斯科，1980 年。
保尔德列夫(Болдырев Н. И.):《学校教育工作的方法》，莫斯科，1974 年。
保尔德列夫:《学生的道德教育》，莫斯科，1979 年。
科罗托夫(Коротов В. М.):《教育性的教学》，莫斯科，1980 年。
库里连科(Куриленко Т. М.):《共产主义道德教育》，莫斯科，1976 年。
马里延科(Марьенко И. С.):《学校教育工作的组织和领导》，莫斯科，1974 年。
莫诺斯淙(Моносзон Э. И.):《学生共产主义教育的理论和方法问题》，莫斯科，1973 年。
《学生教育的示范内容》，莫斯科，1980 年。
谢梅金(Семыкин Н. П.):《农村学校学生的劳动教育和职

业定向》，莫斯科，1979 年。
司索延科（Сысоенко И. В.）：《培养学生共产主义世界观的理论和方法问题》，莫斯科，1979 年。
莫诺斯淙编：《学生共产主义世界观的培养》，莫斯科，1977 年。

教学过程中学生思维、意志、情感、兴趣的发展

札哈罗娃（Захарова А. В.）：《高年级学生教学心理学》，莫斯科，1976 年。
赞科夫：《同教师谈话》，莫斯科，1970 年。
伊波利托夫（Ипполитов Ф. В.）：《学生的记忆》，莫斯科，1978 年。
卡尔梅科娃（Калмыкова З. И.）：《发展性教学的心理学原则》，莫斯科，1979 年。
科瓦列夫（Ковалев А. Г.）：《儿童智慧、意志和情感的培养》，明斯克，1974 年。
克鲁捷茨基（Крутецкий В. А.）：《意志与性格的培养》，莫斯科，1960 年。
莫罗佐娃（Морозова Н. Г.）：《同教师谈谈认知兴趣》，莫斯科，1979 年。
莫恰洛娃（Мочалова Н. М.）：《研究问题的教学方法及其运用范围》，喀山，1979 年。
巴洛佐娃（Полозова Т. Д.）：《思想、情感和行为的统一》，莫斯科，1978 年。

缅钦斯卡娅（Менчинская Н. А.）编：《学生成绩不良的心理学问题》，莫斯科，1971 年。
谢利瓦诺夫（Селиванов В. И.）：《意志及其培养》，莫斯科，1976 年。
舒金娜：《教育学中的认知兴趣问题》，莫斯科，1971 年。
艾里康宁（Эльконин Д. Б.）：《低年级学生教学心理学》，莫斯科，1974 年。
雅科勃松（Якобсон П. М.）：《情感及其发展和培养》，莫斯科，1976 年。

学习活动技巧的培养

阿里扬克林斯基（Алякринский Б. С.）：《关于自我教育的谈话》，莫斯科，1977 年。
巴尔金（Бардин К. В.）：《怎样教会儿童学习》，莫斯科，1969 年。
《向学生介绍图书目录的知识》，莫斯科，1977 年。
格里范（ГельФан Е. М.）、什马科夫（Шмаков С. А.）：《从游戏到自我教育》，莫斯科，1971 年。
格佐夫（Гецов Г. Г.）：《使用书籍的合理方法》，莫斯科，1975 年。
格罗姆采娃（Громцева А. К.）：《普通学校高年级学生的自修》，列宁格勒，1974 年。
茹科夫斯基（Жуковский А. А.）、马尔哈西扬（Малхасян А. Г.）：《怎样独立学习》，莫斯科，1974 年。
科列索娃（Колесова А. М.）：《学生智力劳动的科学组织》，

列宁格勒，1975 年。
康采瓦娅（Концевая Л. А.）：《学生手中的教科书》，莫斯科，1975 年。
库兹涅佐夫（Кузнецов О. А.）、赫罗莫夫（Хромов Л. Н.）：《快速阅读的技术》，莫斯科，1977 年。
姆拉维耶夫（Муравьев А. В.）：《怎样教会学生独立获得物理知识》，莫斯科，1970 年。
尼科拉耶娃（Николаева Л. А.）：《学会做个读者》，莫斯科，1978 年。
帕拉马尔丘克（Паламарчук В. Ф.）：《学校应教人思考》，莫斯科，1979 年。
波瓦林（Поварин С. И.）：《怎样读书》，莫斯科，1976 年。
鲁萨科夫（Русаков Б. А.）：《科学地组织学生的劳动》，莫斯科，1976 年。
契尔娃（Чирва А.）：《学会学习》，莫斯科，1977 年。
什里扬赫静娜（Шляхтина С. Э.）、敏金娜（Минкина В. А.）：《学生的作息制度》，莫斯科，1974 年。

译　后

苏联教育科学院正式院士、副院长巴班斯基是当前苏联教育理论界的权威之一。他的教学过程最优化理论已在苏联逐步推广，据说行之有效。这一理论已列入苏联教育部批准的师范学院教育学课程的新的教学大纲和教科书内。苏联有的教育家甚至把教学过程最优化的研究视为苏联教学论研究的一个新的发展阶段。本书系巴班斯基1982年的新著，是1972年发表《教学过程最优化(预防学生成绩不良问题)》和1977年发表《教学过程最优化(一般教学论问题)》之后继续研究的新成果，对教学教育过程最优化的理论作了全面、系统、具体的论述，其中有不少精辟之处，值得我国教育科学研究人员、广大中小学教师、师范院校师生和教育行政人员参考。

译者限于水平，译文定有错误和不妥之处，敬希读者批评指正。

译　者

1985年1月